学生可以这样教育

Wise Approaches to Classroom Management

陈 宇——著

中国人民大学出版社

·北京·

图书在版编目（CIP）数据

学生可以这样教育 / 陈宇著. —北京：中国人民大学出版社，2016.7
ISBN 978－7－300－23082－5

Ⅰ. ①学… Ⅱ. ①陈… Ⅲ. ①班主任工作 Ⅳ. ①G451.6

中国版本图书馆 CIP 数据核字（2016）第 152285 号

学生可以这样教育
陈　宇　著
Xuesheng Keyi Zheyang Jiaoyu

出版发行	中国人民大学出版社		
社　　址	北京中关村大街 31 号	**邮政编码**	100080
电　　话	010－62511242（总编室）		010－62511770（质管部）
	010－82501766（邮购部）		010－62514148（门市部）
	010－62515195（发行公司）		010－62515275（盗版举报）
网　　址	http://www.crup.com.cn		
经　　销	新华书店		
印　　刷	北京华宇信诺印刷有限公司		
规　　格	720 毫米 × 1000 毫米　1/16	**版　　次**	2016 年 7 月第 1 版
印　　张	14.75　插页1	**印　　次**	2024 年 10 月第 8 次印刷
字　　数	210 000	**定　　价**	38.00 元

自序

教育中的道与术

前一段时间，我的一位朋友在做关于如何激励学生的课题研究。他收集了大量素材，取得了一些进展，但不知道该从哪里入手结题，想听听我的建议。

我首先肯定了他的研究的价值——不要认为已经有很多人做过这件事，自己的研究就毫无意义了。只要你愿意去挖掘，教育中的任何一个点都有无限的研究价值。但我们的工作是不是真正能体现出价值，就涉及方法问题了。我说，你现在的情况就好比是有了一大堆新鲜的食材，你需要将它们按照一定的想法加工成有营养的菜肴，最好还能比较美味。

搜集到了哪些激励学生的方法？

这些方法用在不同的学生身上效果怎么样？为什么对有的学生效果好而对另一些学生却完全没用？

在同一个学生身上用了哪些激励方法？每一种方法各自发挥了什么作用？组合起来解决了哪些问题？

在同一个学生不同的成长阶段，你又采用了哪些不同的方法？效果如何？

最关键的，是你如何想到使用这些方法的。

……

以这样的思路整理材料，就能够取得一些成果，这就是研究。

用问题串的方式反复思考，是我经常采用的一种方法，这样的思考方式促使我完成了《班主任工作十讲》和现在这本《学生可以这样教育》。

长期以来，我一直在探索管理班级、教育学生诸多方法之间的逻辑关系。没有普遍适用的方法；没有任何一种方法可以适用于所有学生；教师教育不同的学生会采用不同的方法，其中不乏神来之笔……如果要罗列，恐怕是不能穷尽的。但只要有了主干，一棵大树就可以生出无数枝叶。教育也是如此，方法都是从为数不多的最基本的原理和常识中派生出来的。所谓“道生一,一生二,二生三,三生万物”。所以，方法本身并不是最重要的，对方法的梳理和求源才是重要的。

我希望能在本书中体现这样的思路，就如同我在《班主任工作十讲》中所做的努力一样。面对“学生教育”这个命题，我首先要考虑：是面向个体的教育，还是面向集体的教育？本书选择了后者。当然，班级整体是由一个个灵动的个体组成的，所以，对个别学生的教育也是绕不开的。

在设计体例时，我总是问自己：打造一个优秀的班级，总的指导原则（道）是什么？需要在哪些方面开展工作？如何开展（术）？这些方面的联系又是什么？班主任每一天、每一周、每一学期所做的看似重复而且零散的工作应该用一根明确的主线串联起来。这根主线就是让学生在班级中（不是在其他地方）接受合适的教育并有所发展。班级在慢慢成长，学生也在一天天成长，这是同步的。班级教育应该是一个连续的、系统的工作。一旦班主任有了这个意识，他所做的一切就有意义，有底气。

所以，写作这本书的过程就是带班的过程。

教师应该有一点儿教育大局观，这是派生出方法，以及这些方法是不是恰当的基础。就班级整体而言，什么才是最重要的？当然是班级的风气，也就是气场。而班风中最重要的又是什么？我认为是价值观。所以，我提出了“班级发展核心价值观”的概念，并重视在实践中的具体落实。之所以将“树立教育大局观”放在第一章，是因为我不希望出现局部精雕细刻，却对班级教育主干缺乏整体把握的状况。

有了道，我们让它生一、二、三以及万物，分别向横向和纵深两个维度展开。比如，情商（包括励志）、智商（提高成绩）等的教育，是班主任开展工作必须同时面对的，而从规则教育（包括惩戒）到班级议事（民主自治）再到团队精神培养，似有递进的味道，也是把新建班级时的一群散兵游勇锻造成为一支战斗力强大的团队所必须经历的过程。班主任完成这些教育任务所能倚仗的，不是规则或惩戒，而是说服（不是说教），故将说服教育单列一章，这一章提及的各种方法为其他各章内容服务。

本书所呈现的方法不可能是终极的、完美的，只是在提示一种思路，即你可以根据这些线索去组织你自己班级的教育活动。把本书涉及的各个方面的工作做到位了，班级就一定会健康地发展，班级里的学生也会越变越优秀。这样，我们就既看见了森林，也看见了树木。养护了土壤，改善了气候，树木就会茁壮成长。这，就是班级整体和学生个体发展之间的关系。

我一直在努力为将班主任工作变成一门科学（班主任学），做出自己微不足道的努力！本书，只是一个逗号。路漫漫其修远兮，我想，我还会继续努力地走下去，上下求索。

2016 年 5 月 19 日于南京

CONTENTS ▪ 目 录

第三章 利用班级议事解决教育难题

第四章 培养团队精神的方法

第五章 怎样让学生愿意接受你的教育

第六章 十大励志教育攻略

第七章 提升学生的情商

第八章 惩戒是完整教育的需要

第九章 学生行为问题的分类及转化

第十章 提高学生学习成绩的有效策略

第一章

树立教育大局观

做好教育工作，教师最需要提升的是什么？教学水平、业务能力、敬业精神……这些都很重要；但最关键的，我认为是建立教育战略思维。具体的操作方法与技巧其实不难学会，其价值也有限。如果认为只要掌握了一些方法就能带好一个个班、教育好一批批孩子，而且自身还能不断进步，那就大错特错了。如果一名教师没有教育大局观、战略观，即使技术上不断进步，仍无法让自己进入更高的教育境界，也很难说会对学生产生终生的影响。

教育战略观确实是相当多的教师缺少的。很多人认为，这些不应该是自己要思考的问题，教师做具体的事情就可以了，无须考虑那么多、那么远，那些顶层设计，还是交给领导和专家去做吧。

产生这种想法是由于教师对自身工作的价值认识不清、职业角色定位不准以及育人观念的缺失。我们似乎忘记了自己首先是一名教师，其次才是教语文的教师、教数学的教师，而做班主任，也绝不仅仅是把学生管住了、班级不出事就算尽到了责任。

教师是肩负着育人重任、接受过职业训练的教育专业人士。教师不是勤杂工，而应该是思想者。他们不仅做具体的工作，还会经常思索关于人的成长以及如何帮助别人成长的问题。

班主任的思想境界决定了班级发展可能达到的境界。班主任只有站得高，才能看得远。

战略决定战术。有了大局观和战略意识，我们对学生的教育就能始终走在正道上，这有助于我们把握教育节奏，确定更好的教育策略。

一、为班级发展制订长远的规划

教育是复杂艰巨的系统工程，任何短视的做法都会破坏这项工程的完整性。班主任不论能否将自己的班级从组建带到毕业，都应该为其制订长远的发展规划，分阶段、有重点地开展主题教育，力求让学生不仅在学业上有所收获，在做人做事、意志品质等方面也能得到发展。

班级发展规划必须在研究校情、学情的基础上，根据本班学生的特点制订。先确定“我们在哪里”，再思考“我们可以到哪里”“我们怎么去”。我们希望学生每一学期、每一学年在综合素质上都有所提升。这既是为学生负责，也是为其他教师负责，切不可做一天和尚撞一天钟，只想着把今天的事对付过去，以后的事让别人去管。

我曾给我的一个高中班级设计了三年六个学期的教育主题，具体如表1–1所示。

表1–1　高中三年教育主题

序号	年级段	学期	教育主题
1	高一	一	规则意识和团队意识的培养
2	高一	二	自主学习意识与能力
3	高二	一	心理健康教育、社交能力培养
4	高二	二	人生规划、职业生涯规划
5	高三	一	励志教育
6	高三	二	感恩教育

这些教育主题是我根据学生的特点、高中不同年级段的特点以及高考要求确定的。确定某阶段的教育主题并不意味着不能开展其他教育活动，也不意味着教育主题不可以交叉、重复，而是强调每个学期围绕一条主线，在抓学习、抓常规的同时，开展形式多样的教育活动，让学生每个学期都能在某一方面获得提升。

比如，我在高一第一学期针对“规则意识和团队意识的培养”组织了“自塑教育”系列主题班会，通过班会等活动对教育主题进行分解，即便是在抓常规，也都不忘结合本学期的教育主题做工作。到了高一第二学期，我在班级里成立了学习委员会，聘请各科成绩优异的学生出任“班级院士”，制订了“学困生帮助系统”，力图提升学生的自主学习能力，取得了不错的效果（具体内容参见本书后续有关章节）。

每学期有一个教育主题，平时不断强化，会给学生留下深刻的印象。他们会记得自己曾经受过什么样的教育，有过哪些思考和感悟。这些教育活动必将对学生的成长产生长远的影响。

大的教育主题一定是通过班主任每一周、每一天的具体工作实现的。在操作上，我通常喜欢把一个学期的教育主题分解为每月一个班级发展点、每周一个工作重点逐步落实。

二、确定班级核心价值观

（一）班级核心价值观在教育中的价值

班级核心价值观就是我们过去强调的班风、班训、班级精神等的整合与升华。班级核心价值观在班级管理和教育中具有重要作用，对班级发展有战略指导意义。

我们正处于一个快速发展的时代，生活节奏加快，贫富差距拉大，人们都在追求利益，信奉成功至上，社会变得前所未有的功利、浮躁。同时，人们的精神却日见萎靡，信仰和信念缺失。我们似乎丢掉了作为“人”最宝贵的东西。如果任由这种状况蔓延、扩大，我们整个民族的发展前景都将令人担忧。我们急需充盈精神世界，寻找生命的意义和生存的价值。在此背景下，国家提出培养和弘扬社会主义“核心价值观”是非常及时而且必要的。

班级不可能脱离社会孤立存在，社会风气和国民心态对学生的影响是巨大的。社会上的思潮与人生百态，在班级中也同样存在。理想、信念常常被物质化的奋斗目标替代，精神世界空虚是当下学生的通病之一。如果班主任对此视而不见或听之任之，就是没有尽到教育者的责任。加强班级核心价值观教育正是对学生认识偏差的矫正和精神空虚的弥补，这对班级的发展和学生的自我完善都有重要意义。

核心价值观是某一社会群体判断社会事务的标准，遵循的行为准则。班级核心价值观，体现的是班级发展中最具战略性的问题：是非观、荣辱观及价值取向。班级核心价值观可以让师生双方看清自己“在做什么”以及“为什么要这样做”；班级核心价值观还像一座航标，让班主任明白自己可以把班级带向何处。班主任站在什么高度，就有可能把班级带向什么高度。思考关于班级核心价值观的问题，对提升班主任的专业素养有很大帮助。

除了战略指导作用，班级核心价值观至少还有以下几个方面的意义。

1．彰显班级精神

班级核心价值观属于班级文化范畴。由于学生所在的学校、年级、班级各不相同，个体素质差别也很大，所以，即使在同一所学校，班级核心价值观也无法使用统一的表述，甚至同一个班主任带的不同班级，或一个班级处于不同的发展阶段，班级核心价值观都有可能不同。与学校的校风、校训相比，班级核心价值观更加具体，更加符合班级的实际情况，能反映班级文化的个性和班级精神。班主任自己要思考，更要带着学生一起思考、讨论：我们这个班应该培养怎样一种班级精神？

确定班级核心价值观的过程，就是师生双方就班级发展的大方向达成共识的过程。

2．使面向集体的教育有了“根”

班级组织活动、开展教育或讨论一个问题，看上去都是一些鸡毛蒜皮的小事，各种活动之间表面上似乎没有什么联系，但是一旦与班级核心价值观挂钩，其教育价值将得到提升。班主任不应就事论事，更不要为了完成任务而应付了事。教育工作要围绕班级核心价值观展开。有了核心价值观，班主任开展教育活动就能自觉地往这上面靠，不仅言之有据，而且底气十足。平凡的工作因为有了核心价值观而变得更有意义，班主任的教育活动也就有了“根”。

在新一届高中班，我提出了“公德、责任、合作、友善”八个字的核心价值观，教育的意图十分明显，就是要着力培养学生这些优良的品质。我们大量的教育活动都可以在这四个方面找到“根”：抓纪律、抓卫生不仅仅是为了常规评分，而是纳入公德意识的培养中；开展一次有趣的班级活动也不仅仅是放松心情、图个热闹，而是培养学生的合作意识和构建友善的人际关系，等等。核心价值观使班级教育的含金量大大提高。

3. 培养能让学生终生受益的好品质

学生追求考试成绩、升学这些现实的目标并没有错，但如果一个人不会思考自己为什么而学习、人来到这个世界上到底能做点儿什么、人应该如何完善自我，那么他其实就不能算接受过真正的教育。另外，在班级中如何与人相处、个体应该尽什么义务等也是需要学习的。

针对当下学生普遍存在的理想、信念缺失和意志薄弱等问题，我提出了与班级整体核心价值观并行的“学生个性发展关键词——立志、修身、精进、坚毅”。立足于学生现实的目标，意在培养让学生终生受益的好品质。让学生知道年轻人应当有远大的理想，注重提升个人修养，努力进取，百折不挠——这是我们的育人目标。育人目标的确立使面向学生个体的教育有了方向。我认为，如果教师善于利用身边的教育资源，善于利用一切教育机会，不断培养学生的这些品质，那么学生不仅会取得优异的成绩，更会为未来的发展打下坚实的基础。

综上，班级核心价值观应该由两个紧密联系的部分组成，即面向集体的班级教育主题词和面向个体的学生成长教育关键词。班级核心价值观的提出，既解决了班主任在实际工作中的诸多困惑，提升了班主任工作的价值，同时又使年轻学子不至于在这个功利的社会中迷失自己。所以，强化班级核心价值观的教育有重要的现实意义。

（二）班级核心价值观的确立与解读

“引领班级健康发展”和“让学生终生受益”应该成为确定班级核心价值观的两条基本原则。虽然大的教育目标一致，但是每个班级应该有自己的核心价值观和富有个性的表达形式。核心价值观应是班主任结合自己班的特点，带领学生讨论、商议后共同确定的，班主任要发挥重要的引导作用。群策群力提炼出的关键词，一定是符合本班实际情况、贴近本班学生发展需求并且能得到学生认同的，切忌照搬照抄或使用大而空的短语。比如上文提到的“公德、责任、合作、友善”和“立志、修身、精进、坚毅”，就是在对本班学生的个性特点做过细致观察与研究的基础上提出来的。

为什么会提出这 16 个字？我向学生进行了解读。

1．班级核心价值观：公德、责任、合作、友善

（1）公德

公德意识能规范人们在社会公共生活领域的交往行为，是法律法规之外，调整人们社会交往活动的准则。学生生活在集体中，不能想做什么就做什么，想怎么做就怎么做。班级存在的很多“小问题”，比如，自习时大声说话、午休时不安静、上课时高声抢答、乱扔垃圾等，看似是不拘小节，说到底都是由学生的公德意识欠缺导致的。

（2）责任

集体中的每个人都应该有责任感，这既关乎集体的利益，又关乎个人的发展。迟到、不完成老师布置的任务、随意表态又不兑现承诺、对集体事务冷漠、不愿意帮助别人等，表面上看是小毛病，其实都是缺少责任感的表现。我们不能用粗心大意、从小就丢三落四等理由为自己开脱，而要从如何提高责任心的角度去反思。没有责任感的人是不值得信任的，我们要做对自己、对他人、对班级负责的人。

（3）合作

一个人的力量是有限的，现代社会分工越来越细致，单打独斗很难成功。我们要学会合作，实现共赢。我们在贡献自己才能的同时，也会获得

别人的帮助，收获友谊。特别是小组和社团活动，不合作是不可能的。没有合作，大家就会越变越自私；有了合作意识，人人为我，我为人人，集体就会充满力量，就能战胜各种困难。

(4) 友善

班级是一个家，也是一个小社会，存在着复杂的人际关系。班级里有你喜欢的人、讨厌的人，有合得来的人和话不投机的人。我们应该以什么样的姿态处理人际关系？答案是“友善”，无论是对同学还是对老师，以及对不熟悉的人。友善的态度能让他人感到温暖，也能让自己体会到幸福。

2. 学生个性发展关键词：立志、修身、精进、坚毅

(1) 立志

立志，就是要有远大的理想和目标。没有目的的行走，会很容易让人疲劳，使人产生懈怠情绪，失去前进的动力。有一些同学生活得浑浑噩噩，精神不振，学习效率很低，归根到底是因为没有目标，随波逐流，得过且过；有的同学虽然有目标，但仅限于取得一个好成绩和考上一所好大学，只关注眼前的分数，却不知道自己将来想做什么。

年轻人应该多思考人生，为将来的发展打好基础。

(2) 修身

修身，是指修养身心，约束自己的言行，以符合礼仪的规范。修身的本质是长期与自己的恶习和薄弱意志作斗争。修身最切实的办法就是择善而从、择善而交，不断努力，增长德行和学问。我们要勤于阅读、思索和自省，注重个人修养的提升，保持良好的形象和气质，知荣辱。我们应该举止文明，品格谦逊，得意时不忘形，失落时不自暴自弃，在大事情面前有原则。我们要做一个高贵、高雅、高尚的人。如果大家都注意修身，对自己、对他人都有益处，班级一定是文明的。你的学习成绩可能不理想，但你不可以没有教养。如果你的学习成绩很好，人品却不怎么样，也不会被人尊重。

(3) 精进

精进即勤，努力向善向上。人要有进取心，每天进步一点儿，日积月

累，就会有很大提升。学习如逆水行舟，不进则退。一个人要想成功，关键是能保持进取心和付出踏实的行动。为什么向上向善要“努力”呢？因为这些行为都需要付出、需要牺牲、需要战胜自己的惰性和各种诱惑，这不是能轻松做到的，所以需要努力。

（4）坚毅

坚定而有毅力是为坚毅。坚毅是一种可贵的品质。很多人不是不想做好，但只停留在想法上，很少去行动。即使偶尔发奋，有了行动，也不能坚持。坚持充满困难，因为人都有惰性。坚持有强大的力量，会产生奇迹。比如，哪怕一天只背几个单词，三年下来就是几千个，但很少有人能做到。我们可能没有完美的性格，但我们可以坚持做某一件事，坚持得越久，成功的可能就越大。

班主任不仅要解释班级核心价值观的字面意思，更要结合班级中真实的案例予以解读。如何将常规工作与班级核心价值观结合起来、如何发掘传统教育活动中的核心价值观元素、如何有意识地开展关于班级核心价值观的强化教育等，都是班主任需要思考的。

我把这 16 个字做成两块展板，“班级核心价值观”贴在教室前面的黑板上方，“学生个性发展关键词”贴在教室后面的黑板上方，学生每天一进教室就能看见班级对个人成长提出的要求——立志、修身、精进、坚毅，一坐下来就能直面班级团队的核心价值观——公德、责任、合作、友善。我平时也会在点评班级某一现象时结合展板上的关键词进行强化教育。经年累月，耳濡目染，学生的素质在持续教育下会逐步得到提升。

三、教师是如何影响学生的

我们总是希望看到学生在教师的教育下有所改变。殊不知，教师的作用是有限的。教师试图按照自己的意愿“改变”学生，而这不一定真正适合学生，凭什么认为我们的“改变”就是正确的呢？

相对于“改变”，我更喜欢用“影响”一词。成长是一个不可逆的过程。在一个人做学生的有限时间里，学校和班级成为他成长的重要影响源。这种影响应顺势而为，不应用各种方法强行、武断、粗暴地改变学生自有的生长节律。当然，在学生误入歧途或感到迷茫时，给予有效的指点和帮助也是十分必要的。但是，这些干预要在尊重学生的人格和生长节律的前提下进行，否则，教育就会成为一出出揠苗助长的闹剧。

那么，我们怎样影响学生呢？

抛开社会大环境和家庭因素，单就班级而言，影响学生成长的有三大要素——人、事件、环境。教师的工作应该围绕这三大要素来组织，这种组织也应是具有战略意义的。

（一）教师要力争成为学生成长过程中的关键他人

教师的气质、素养、人格、学识对学生的影响非常大，特别是班主任。教师的教学水平、气质、生活态度，都会对学生产生影响。教师虽然是普通人，但在学校里，他的个人形象体现了整个教师队伍的面貌。

“以最好的形象出现在学生面前”，这与我们强调的教师要真实、真诚并不矛盾。真实的东西有很多，看你在学生面前展示什么。生活中的普通人和站在学生面前的教师，这两者其实不能完全一致，就好比你在家里可以随便穿什么衣服，到了正式场合就不能那么随意一样。如果教师的表现很随意，实际上表明他并不十分看重自己所从事的职业，仅仅是把工作当作谋生的饭碗。

我们都知道，学生会观察教师并有意无意模仿教师，因此，教师自身就是最好的教育资源，学生能从你身上看到什么、学到什么，可能比你上的那些课更重要。

学生在求学过程中最大的幸运莫过于遇见了一位可以启迪人生的好老师，所以，老师们要争取成为那样的“关键先生”。在一名优秀的教师身边成长，不仅是一件幸福的事，也是成功人生的好开端。优秀的教师不仅自己成功，还会带领学生走向成功。

（二）制造更多可能影响学生成长的关键事件

相当多的学生上学十几年，几乎只是在学习、考试中度过的。很多高升学率学校生怕开展活动会耽误上课，消耗孩子的精力，所以，把学生的自由时间统统占据。这种机制仅仅是制造了高升学率的神话，校长、教师“成功”了，而对学生人格、素质的培养却被忽略了。

学生在成长过程中会受到一些关键事件的影响，甚至因之改变自己的人生。我们不知道什么样的事件会影响哪些学生，我们需要做的就是不断制造这样的事件，提供更多的机会，让不同的学生受到不同事件的影响，这将极大地增加学生成功的概率。

我在带班的过程中，会长期坚持按照学号顺序和每一个学生谈话，批阅、点评学生周记，开展多种励志教育活动，组建合唱团，创办班级报纸，评选月度风云人物，组建学习合作小组，师徒结对，让学生走上讲台上课，开发名师访谈系列班会，为每个孩子举办生日会，有计划、有步骤地赏析世界经典影片，布置另类假期体验式作业，自费设置奖学金等，以丰富多彩的活动促进学生成长。

【案例1—1】“3100工程”

“3100工程”是一项长期活动计划，贯穿学生的3年高中生活，即在3年里，让学生欣赏100部世界优秀影片、100首世界名曲以及100篇美文。这项堪称浩大的工程完全是利用学生在校的“边角料”时间完成的：电影课程安排在中午30分钟的“午间影院”时间，名曲欣赏安排在午休前10分钟的“空中音符”时间，经典阅读安排在早读前的10分钟和部分班会课时间。这项计划的落实证明了一个事实：时间是海绵里的水，只要用心，完全可以挤出一些来，班主任在夹缝中是可以有所作为的。

【案例1—2】评选“感动班级年度人物”

“年度人物”的评选是我班一系列“造星运动”的最高潮。造星运动是一种新颖的教育策略，利用了心理学上的“明星效应”，即明星的影响力是巨大的，其引领、带动作用远远超过普通人。把学生打造成“明星”，不仅对他本人有极大影响，对其他学生也有示范作用。

如何把普通人“包装”成明星？首先，班主任要像星探一样有一双慧眼，善于发现学生的特长和潜能，“小题大做”甚至“无中生有”，给予学生积极的暗示，采用各种方法将其微小的闪光点放大再放大，直至“梦想成真”。这个过程是由一连串动作构成的，班主任利用各种手段，为未来之星度身定制各种事件，将学生打造成“明星”。

造星只是一个形象的说法，其实就是在班级里树立各方面优秀的正面典型形象，而不仅仅看学习成绩。

每个学年结束前，班级都会举办“感动班级年度人物”评选及颁奖活动，这是我们为影响学生成长而制造的大事件。在“感动班级年度人物”颁奖大会上，海报、音乐、鲜花、掌声，获奖感言、证书、奖牌，一样都不少。评选年度人物，就是回顾一个班级的成长，增强班级的凝聚力，让所有人感知集体的温暖和力量，意义重大。

教育就是这样，投入的大量资源就像海潮一样，一次次冲击着学生的心灵。我相信，其中必定蕴含着影响学生成长的关键事件。

（三）创设有利于学生成长的环境

社会是大环境，学校是中环境，班级是小环境。环境育人。小环境与大环境不无联系，但也有一定的独立性。我们可以建立生态状况良好的循环体系，让班级在这样的体系中获得螺旋式发展。

我理解的创设良好的班级小环境，不是试图打造一片净土，培养“两耳不闻窗外事”、毫无社会适应能力的温室里的花朵，而是营造适合学生发展的环境。具体做法如下。

1. 努力让班级的一些指标保持领先

学生生活在优秀的班级里，会有自豪感。这是我一直想尽办法让自己的学生在学校各项评比中力争获得荣誉的原因。这不是为了满足班主任的虚荣心，而是为了给学生营造一种氛围，以凝聚人心，提振士气。班级常年保持常规优胜红旗，考试成绩也大幅度领先于其他班级，这样良好的环境会进一步促进学生积极向上。

2. 硬件适合学生的学习及生活

教室要干净整洁，设施完备，如有缺失、损坏要及时补充或修理。我们的教室里处处有关于培养文明素养的温馨提示语。上午阳光照进教室，学生无法看清楚大屏幕和黑板，于是我自费为班级安装了大窗帘。秋冬季节学生从家里带来的午餐等到中午时分已经凉了，于是我给班级配备了微波炉、热水瓶。为方便任课教师报出学生的名字，开家长会时让家长能及时找到自己孩子的座位，我给每个学生配备了坐席卡。为解决学生课桌上书本太多无处堆放的问题，我又给他们配了储物箱。我在教室里种植花草，建立班级图书馆。这些硬件都是让学生引以为豪的，这种自豪感又促进学生去提升自己的素质。

3. 软环境友好和睦，有安全感

我们的集体生日会、师徒结对、小组合作等活动增强了学生之间的友谊与合作精神。集体生日会、班级访谈节目还邀请任课教师参与，这融洽了师生关系，同时也利用了宝贵的教师教育资源。班级里很少出现钩心斗角、不团结的情况。新班级自组建以来没有发生过一起打架斗殴、师生冲突事件，这样的软环境令人羡慕。

4. 密切关注社会大环境，利用班级小社会模拟大环境

社会即学校，生活即教育。我们不是一味地要求学生顺应大环境，而是力求培养学生对环境的主动适应能力和独立批判精神。我深知学生不能生活在象牙塔中，与社会脱节并不利于学生将来融入社会。我采取的应对策略是在班级中引入较多的社会化元素，以培养学生的责任意识、规则意识和竞争意识。在这方面我们做出的努力是卓有成效的。试举几例。

①把座位作为资源，培养学生的竞争意识和公平意识。

②建立学生电子档案，并使其在评价学生时发挥作用，与社会诚信评价体系接轨。

③实行班级工作招标制。

④实行班委公开述职制度与民主选举制。

⑤实行班级大会制。

⑥实行小组座谈会评议制。

⑦实行班主任否决权制，班级管理权力分立。

⑧组织班级创业公司。

⑨大量引入各类精细化管理报表。

⑩成立班级剧社、合唱团等社团，强调团队合作精神，关注班级各种非正式组织。

⑪及时关注、评议社会热点问题。

⑫充分利用各种社会实践机会开展教育。

正是因为在班级里广泛、深入地开展了各种活动，班级的小环境才生机勃勃，既独立于社会大环境和学校环境而存在，又与社会紧密结合。我希望从我班级里走出去的学生，无论学业成绩如何，都能有良好的人格素养、竞争意识和生存能力，能很好地融入社会而不至于被时代淘汰。

第二章

怎样让学生遵守规则

规则教育是最基本的教育工作，规则意识的培养事关学生今后进入社会后能否成为守法、文明的好公民，是给学生的健康人生打基础，不可轻视。规则对于一个集体同样重要，没有规则的班级如同一盘散沙，是不可能取得成功的。我们都知道规则的重要性，但是，对学生进行规则教育并非易事。规则具有强制性，而人的天性又是不愿意被规则所约束的，所以，要想让学生在班级中遵守规则，必须采用合适的方法。

一、实施规则教育的要素

在管理班级时，很多班主任会抱怨："明明有班规，但很多同学就是不遵守，还屡屡违规。"由此得出结论：学生难教育，听不进道理。无奈之下，一些班主任放弃了规则教育，代之以简单的处罚。处罚的效果立竿见影，但治标不治本，由此埋下了师生冲突的隐患。

规则教育确实有难度，而且是一项历时很长、容易反复的工作。但是，规则教育是学生的必修课，也是班主任的重要本职工作，教师切不可因为难度大就轻易放弃。

班主任要想做好规则教育，必须具备以下三个要素：良好的心态、极大的耐心和有效的方法。

（一）实施规则教育的健康心态

班主任对规则教育的困难要有充分的思想准备。我们要明白这样一个现实：哪怕是最简单的一条规则，其教育过程也远比学科中任何一个知识难点的教学要艰难。其主要原因是学生学习规则时会受到个人习惯、综合素质、社会环境、交往同伴和家庭教育等的影响。它不像知识点教学那样，学生理解了就能掌握好。另外，知识点一旦掌握了就能做对题目，就能得分；但是，不遵守规则反而可能会带来一时的便利或即时的利益。班主任教育学生时，学生可能都懂，也会表示要改正错误。我们不应该将学生的表态都理解为敷衍。但是，习惯的力量是强大的，所谓“江山易改，本性难移”。规则意识在遭遇眼前利益等的诱惑或同伴的唆使时，往往会败下阵来。而且，教育的力量会随着时间的推移和环境的改变而衰减，正如学生对所学知识的遗忘一样。一旦离开了特定的教育环境，无人监管或者出现一些诱导因素，他再次违规就不足为奇。所以，学生不是不知道规则及违规可能带来的惩罚，学生违规不见得就是“坏”，也不见得是“不懂事”，学生违规的诱因有很多。

有些学生几乎不需要规则教育，因为他们会非常自觉地遵守规则。这样的“好学生”会让班主任误认为学生就应该是这样的，来到学校就应该守规矩。我们必须明白，学生的家庭背景、个性等差异很大，确实有人不懂规矩，也有个别人有违规的“主观故意”。当然，更多的人只是在不经意间违规，通过耐心的教育，能让大多数学生增强规则意识。

学生个体有差异，但教育和不教育的差别更大。这是每个班主任都要建立的理念。

用一个好习惯替代一个坏习惯是非常困难的。班主任明白了明知故犯、反复无常其实是教育的常态这个道理后，在教育学生时就有了好的心态，也就不会轻易丧失信心，就能大大减少教育中的失误。拥有了好心态，班主任就能冷静地思考问题，寻找教育学生的最佳方案。“教育是慢的艺术”“冰冻三尺，非一日之寒”“风物长宜放眼量”，希望班主任能经常用一些格言勉励自己，以保持良好的心态。

（二）耐心教育本身就是最好的策略

既然班主任知道规则教育之难，那么在行动上就应该不急不躁，循序渐进。耐心不仅是一种态度，更是一种有效的教育策略。教师不能因为学生的表现有反复性就认定学生教育不好。我们研究了很多案例，发现很多学生都是在教师坚持原则耐心地教育后不得不让步从而改掉坏习惯的。教育，有时候需要比拼耐心。能坚持到最后，往往就会取得成功。

很多班主任在教学上对学生有着无限耐心，一遍不懂讲两遍，两遍不懂讲三遍，这种方法听不懂，换种方法讲解……总之，一定要讲到学生理解为止。但是，在面对学生的行为问题时耐心却荡然无存。一些班主任很急躁，想快速解决问题，毕其功于一役。这种做法明显违背了人的成长发展规律。

没有耐心还表现在对学生进行教育时喜欢用强攻的方法蛮干，动用教师权威压服学生，以取得表面上的成果。虽然表面上看似乎取得了进展，最后却问题越来越多，越来越严重。不当的教育方法导致一大批学生屡教不改。其实，不是屡教不改，是屡管不改。其实，什么时候教师从压服学生走向触及学生心灵，什么时候才开始真正的教育。而这，需要极大的耐心。

（三）实施规则教育的基本方法

规则教育虽然不完全等同于学科教学，但在教育规律和方法上却有很多相通之处。学生从接触规则直至将规则内化为习惯、素质，要经过漫长的教育过程，其间出现波动、反复甚至倒退都是正常的。班主任应该做的工作大致包括以下几项。

1. 制定规则、明确规则

要通过各种宣传渠道让学生和家长清楚学校、班级有哪些规则，可以在教室的显著位置上张贴规则文本或漫画，还可以利用班会课做专题宣讲。

2. 解读规则

对规则的内容和制定动因予以详细的解读，并举出正反两方面的实例。这些实例来自真实的班级生活，是学生亲身体验的。班主任在解读规则时切忌讲大道理和列举远离学生生活的例子。

3. 分析案例

当班级发生了与规则有关的案例后，班主任一定要带着学生一起做分析。

如果是正面的案例，应分析有哪些经验值得大家借鉴，应该进行怎样的评价等。

如果是负面的案例，应思考它为什么会发生，是在一个什么样的情境中发生的，有什么后果，以后遇到类似的情况该怎么办等。

在进行案例分析时，要让学生广泛参与讨论，因为理越辩越明。

班主任不能只解决问题，还要思考问题、分析问题。仅班主任自己分析问题是不够的，还要让学生了解分析问题的思路。班主任的思考不能代替学生的思考。要运用启发式教学方法，引导学生就案例展开思考、讨论，寻找解决方案。

处理班级问题花费了班主任不少精力，但如果班主任仅仅处理问题，就是没有充分利用身边的教育资源。其实，班级中的每一个案例，都是绝好的教育素材。带领学生认真研讨，了解前因后果，让学生有切身的感受，其目的是举一反三，让学生积累经验。

4. 练习与考核

如果说前几步是学习规则的过程，那么学生对规则的掌握情况，在遇到实际问题时才能得以检验。班主任应该有意识地布置作业和考核，要明确告诉学生，每一节自习课、每一次活动等，其实都是给他们留下了一张张试卷。学生都在以自己的实际行动作答。当然，有的学生会交出满分试卷，也有些学生会“不及格”。

当学生知道自己所做的每件事都是对自己的一次次考验时，会集中注意力，加强自律性，以期得到良好的评价。

5. 讲评、订正与提高

学生犯了错误，班主任不能简单地训斥一通就算完事。若学生没有反省的过程，就不会意识到这类“小恶”带来的危害。“没有往心里去”，只求过关了事，这样的错误今后就会不断再犯。而且，这样简单的教育方式会让学生形成应付教师的心理，比如，老师在与不在时表现判若两人，违纪行为由“地上”转入“地下”，等等，这样班主任的工作将变得更加难做。

正确的做法是，班主任要像对待教学工作一样，认真批改学生的这一份份“试卷”，对完成得好的部分予以肯定和赞扬，“答卷”中的错误要及时指出并要求学生分析为什么会犯错。当意识到了自己的错误时，学生就应该去“订正”——纠正自己行为中的过错并且吸取教训，争取以后不再犯类似的错误。

在与全班大部分同学就规则问题达成共识后，教师要经常提醒自己：学生一定会慢慢进步的。比如，一节自习课的纪律不好没关系，要通过有效的教育，让下一节自习课的纪律有所好转，再以正面评价予以鼓励，这样自习课的纪律通常就会越来越好。一旦学生养成了好习惯，有了健康的班风和舆论氛围，班级的发展就会进入良性循环。

没有不犯错误的学生，正确的教育方法是告诉学生哪里错了、为什么错以及如何改正，而不是简单的斥责与惩罚。学生总是在犯错、知错、纠错中成长。因此，规则教育的重要性不言而喻。

【案例 2–1】新班第一条“军规”

新接班后，班主任总是要给班级设置一些基本规定。

总的来说，不应该把一些现成的规则套用到不同的班级身上。班主任要注意观察，如果感觉一些群体性的问题有可能演变为一种风气，就应该在发现苗头的第一时间里表明立场和态度，采取有力的措施果断处理。

新生报到第一天，学生很兴奋。这些学生来自不同的学校，但是一个班级里依然有不少人是同学或校友，他们很快融合在一起。

我在第一次讲话时就发现了问题——几个学生喜欢跟在我后面说话，特别是讲到他们感兴趣的事情时。几乎是我每讲一句，他们就会跟几句。一开始是一两个学生，但很快就发展成一小群学生。这显然是他们在初中时养成的坏习惯，他们正将过去的习惯带到新的班级里。

发现问题后，我停了下来，扫视全班。等学生安静后，我话题一转，语气平静但非常坚决地说：

“大家有没有注意到一个问题，我在讲话时底下总有人跟着讲，让我不得不停下来。这是一个很不好的习惯。这样做至少有两个害处：第一，对讲话的人和其他听众不尊重；第二，会让大家听不清楚我在讲什么，也打断了我讲话的思路。也许过去你们的老师并不在意，但现在大家来到了一个新班级，新班级不允许你们把坏习惯带进来。我希望上课时大家踊跃发言，但不能像刚才那样。

“现在我要宣布新班级的第一条规定，有人（无论是我还是其他人）在台上讲话时，其他人不可以乱插嘴。如果你要说话，应该在发言者说话的间隙举手示意，得到允许后才可以说话。

“我不指望我说一次就能彻底解决这个问题，因为习惯是很难改的，所以我会不断地提醒大家。现在算第一次，第二次我还会提醒你，但是，到了第三次我就会把你请到教室外面去想一会儿，以加深你的记忆。记住：不可以乱插嘴。第一次提醒。”

在接下来的讲话过程中，我又提醒了一次，并且告知这是第二次提醒。一直到结束，我没有再做第三次提醒。

“不乱插嘴”成为新班的第一条“军规”。这完全是根据本班特点设定的，它将被写入以后的班规中，也将会为今后开展班级议事打下良好基础。

班主任要言出必行，在一开始就掌控住局面。最先设定的规则，学生的印象会很深，执行起来效果也好。

【案例 2–2】指导学生“写检查”

有些学生从小学开始写检查，当多少年学生，写多少年检查，都写麻木了。

我也让学生写过检查，改了一个名字，叫“思想认识”，但因为换汤不换药，学生并不领情，还是叫“检查”。

明知作用不大，但教师依然会让犯错误的学生写检查，因为除此之外，教育的抓手很少。

学生写检查为什么没用？因为大家都在走形式，教师在完成一项工作，学生为了过关交差，大家都没有认真对待，“没往心里去”是主要原因。

其实，常规的教育方式也有它的道理，关键是如何发挥预期的作用。所以，要从写思想认识的目的出发，分析为什么要让学生写，怎样才能取得预期的效果。

写思想认识是个技术活儿，需要教师的指导，要让学生通过写作有所收获。

前段时间，班上有个学生上课时和老师顶了几句嘴，情节并不严重。但是在我的班级里，对这类事件是要严肃处理的，因为它触碰了班级管理的“红线”。我很正式地和学生谈话，帮他分析犯错误的原因。一开始他不太在意，认为是老师误解了他。我只好从头教起，把班级管理的文件拿给他看，最重要的是，让他明白以后出现这种情况该如何处理。思想工作做通了，接下来就是让他和科任教师沟通、写思想认识等。

很快，学生把他的思想认识交上来了。我看了看，觉得不满意，让他回去重写。学生对我说，以前没写过，不知道该怎么写。我就指导他，应该谈哪几个方面、怎么谈。再写一遍，像点样子了。又做了一些修改，我让他誊写一遍，拿着思想认识去找科任教师，并且指点他应该如何和老师说话。这样写了三遍，也算是对他一个小小的“折磨”。

后来一想，学生犯了错误，应该把该如何反思告诉他们，我回去就做了一个“思想认识”模板。以后，学生轻微违纪时就可以使用这样的文本。这种文本格式比较正规，学生的重视程度会因此有所提高。

表 2-1　学生违纪行为思想认识

违纪学生：	违纪时间：
违纪事由（经过）：	

（续表）

违纪原因分析：
违纪行为危害分析：
改正措施：
思想认识：
本人签名：
班级处理意见（签名）：
班主任意见（签名）：
家长意见（签名）：

简单归纳如下。

第一，本表应该在班主任和学生谈过话，就某些问题达成共识后再填写。班主任要帮助学生分析违纪的动机、危害，并让学生自己提出该如何改进，最后，写出思想认识。这样，学生对自己错误的认识就会比较理性，班主任与学生进行第二次谈话时，目的就会比较明确，不会漫无目标地说教一通。

第二，“班级处理意见”是班级对违纪学生的处理（处罚）措施，可以由班委会或班主任签署。

第三，“班主任意见”由班主任填写，如果上面已经写得比较详细，班主任可以直接签名。

第四，最后一栏“家长意见”可以根据具体情况而定，非必须填写项。

二、对班级集体无意识违纪行为的教育

班级中常常会出现这样的状况：在某种情况下，几乎所有人都对某个问题失去了判断和思考，任由违纪情况蔓延，而学生参与其中，浑然不觉。有时情况可能非常糟糕，但局中人却并未察觉，只有在旁人明确指出后，大家才发觉不妥，回过头来反思，发现确实做得不对。

这种情况可以称为“集体无意识违纪”——大面积的违纪，像传染病一样，从一处迅速蔓延，班干部甚至教师很快就控制不住局面。出现这种情况，有时并不意味着班级风气很差，而是因为一些可能引发骚动的事由，让集体在一瞬间失去方向，群龙无首，导致局面混乱。由于同时违纪的人数众多，很容易令人烦躁。班主任对这种状况通常是狠批一顿，以解心头的怒气。这样做虽然在当时控制住了局面，批评学生后情况会有所好转，但是，因为没有从根本上解决问题，一段时间后这种状况还可能重复出现。

比较好的办法是班主任冷静下来思考对策，采取具体措施，从根本上解决问题。第一，就是要让学生反思这样的行为，提高觉悟。第二，抓好领头的学生，在关键的时间节点要有人能站出来做必要的提醒和管理。大家的觉悟提高了，又有人引领，再配以一定的管理规则，就能比较好地解决此类问题。在此之前，还要加强教育，和学生交流，让大家知道这样的行为对集体有什么危害。至于规则，最好让学生通过讨论自己制定。

优秀的班级不是不出问题，而是出了问题，师生双方会共同努力，齐心协力解决。

【案例 2–3】眼保健操时间，我们应该做什么？

某天，学生做眼保健操的时候，我去教室里巡视，发现情况非常不好——整个班级乱糟糟的，干什么的都有，大家把我多次强调的关于课前准备的要求丢诸脑后。

最近，去班里的次数较少，因为大家的表现都还不错，班干部的职责都已明确，我以为不会有太大的问题。看来我对班级管理的情况过于乐观

了，对班干部的工作信任过高，高估了大家的自觉性。

巡视一圈后发现，学生自己没有感觉到有什么不妥。不少人在利用这段时间写作业、看书。这些同学根本没有意识到已经上课了，表现很随意。

眼保健操后是历史课，按理说，应该做好课前准备，但是大家并没有这样做。值勤班委和课代表都在岗，但并没有起到提醒和管理作用。

目睹此情此景，我脸色凝重，但没有发火，一直等到眼保健操音乐停止，才对大家说了一句话："今天下午放学后大家留一下，我们临时开一个班会，说说做眼保健操这五分钟我们应该做什么。"

孩子们这才意识到刚才的行为有问题，教室里变得十分安静。

我没有再说什么，直接离开了教室。

下课后，值勤班委来找我，向我检讨。我没有批评他，而是和他聊了几句，让他准备在放学后的班会课上发言。

我理了一下思路，做了一个简单的课件，放学后就去了教室。

将全体学生放学后留下来，本身就是一种惩罚。因为事关全班，所以全班都被留下。不用发火，只要平静地解决问题。

打开课件之前，我先说了几句表扬班级传统的话："我们班是一个优秀的集体，取得了很多成绩，班级的环境令人羡慕。这是大家共同努力的结果，也是我们要全力爱护的（对班级的主流予以肯定，让学生定下心来）。今天在做眼保健操的过程中出现的情况虽然挺糟糕，但我认为这主要是由于大家不够重视造成的。以前有很多比这更困难的事，我们都做到了，而且做得很好。所以，我相信，这个问题我们一定能解决！今天我不是批评大家，而是和大家一起来讨论该怎么办。希望大家集中注意力，其他杂事一律不做，我们今天要花多长时间解决这个问题，取决于大家的态度。"

班会标题是"如何度过做眼保健操的五分钟"。

班会主要包括两个板块。

第一个板块：分析问题。（播放 ppt 配合讲述）

1. 问题呈现

（1）无人做操。

（2）主要行为：喝水，吃东西，讲话，写作业，背书。

（3）主要表现：随意讲话，无所顾忌地做其他事。

（4）违纪范围：大面积违纪，不分男生女生、普通同学和班干部。

（5）课前准备情况：很不好。

（6）值勤班委上岗情况：在岗，但没有巡视提醒。

（7）课代表上岗情况：在岗，但是只顾着在黑板上布置作业，没有巡视。

（8）班主任到班后情况：违纪现象略有改观。

2. 问题分析

班级出现如此大面积的违纪现象，而且在班主任来了之后情况都没有太大改观，说明很多人对此缺乏认识和不够重视。由此可得出以下几条结论：

（1）没有人把做眼保健操当一回事。

（2）没有人考虑过自己的行为是对还是不对。

（3）对组织纪律性比较麻木。

第二个板块：解决问题。

1. 全班就以下问题展开讨论

（1）做眼保健操的五分钟时间，可以做什么？不可以做什么？

（2）如何保证做到？

（3）做不到怎么办？

首先，我对工作上的疏漏做了自我批评："今天的事肯定不是第一次发生，所以，我对此负有很大责任。我得改正，要在关键时间点里多到班上来看看。但是，做眼保健操之类的常规管理不能全靠班主任，需要全班同学共同努力。"

值勤班委第二个发言，他承认自己没有落实相关管理措施。他还提出，当大家都这样做时，没有人意识到这样做不对，大家习以为常，也就没有感觉了，甚至他自己也认为这是正常现象。

接下来，包括班长、课代表在内的几位同学发表了自己的看法。

2. 发言告一段落，大家就以下几个问题基本形成了一致的意见（由会议记录整理而成）

（1）眼保健操时间，可以做的事

①做眼保健操。

②趴下来休息或闭目养神（很有必要，因为学生太疲劳了）。

③看书预习或写一点儿作业（如果不累的话）。

我个人不太同意②③两点，但这不是本次班会要解决的主要问题，因此暂时搁置。

（2）眼保健操时间，不可以做的事

①吃东西或喝水。

②走动。

③影响到他人的讲话。

④收发作业本。

⑤发通知。

眼保健操时间的要求就一个字——静。眼保健操时间属于课堂时间，需要保持安静。

（3）如何保证做到

组织学生发言，内容要点如下。

①全班同学提高重视程度。

②班干部及有心人注意互相提醒。

③值勤班委和课代表提醒、管理、记录等工作要做到位。

④班主任在现阶段加强巡视。

⑤把眼保健操管理纳入本周工作重点。（④⑤两点是我提出来的）

（4）做不到该怎么办

大家讨论的结果如下。

①还是以提醒为主。既然大家都认为应做好眼保健操，说明不存在主观上的故意，只是习惯不好，不够重视，只要做好提醒工作，情况应该会有改观。毕竟，做眼保健操时保持安静，做好课前准备，对同学、对老师都是好事。

②在提醒无效的情况下，予以适当的惩戒。

劳动委员发言，认为惩戒虽有必要，但不要过多、过滥。

我同意并且表态：措施一定要齐备，但要少用甚至不用。我相信只要大家重视了，一定能解决好这个问题。

具体措施：对违纪并且提醒无效的同学予以“诫勉谈话”（“诫勉谈话”是我班的一项教育措施，具体可参见本书第八章）。对情节较严重的同学，也可采取先请出课堂，等他反思后再谈话的方式。

同学们一致认为，如果以上措施可以取得效果，就不需要其他的惩戒措施；如果没有效果，再研究其他方法。

班会共用 25 分钟。

第二天，因为大家重视了，做眼保健操时的混乱局面不复存在。我也适当增加了巡视次数，看到班委和课代表上岗值勤时都很认真，同学们也都十分支持。既然是工作重点，就要真抓实干。班主任带动班干部、发动全班同学，齐抓共管。

【案例点评】

在班级发生集体无意识的违纪行为时，班主任最重要的是先冷静下来，对违纪原因进行分析：是班风出了问题，还是管理有疏漏之处。如果班级整体情况良好，仅仅是局部偶尔出现问题，宜就事论事，不应随意扩展。一般情况下，不主张过于夸大违纪的性质。在对全班同学进行教育、疏导之后，制定解决问题的具体方案，切忌冲动发火。胡乱地指责，不仅没有效果，还会破坏学生对班主任的情感，把全班同学推向管理者的对立面。处理这类事件的关键是做好重点学生的工作，有人领头，就会有人呼应、跟进。如果领头方向正确，全班的表现就是正常的。在眼保健操纪律的管理中，领头羊就是值勤班委和课代表，只要他们认真负责，就不会出大问题。

班级的每一次事件，无论是正面的还是负面的，都是教育资源。每次解决问题的过程都是凝聚人心的过程，也是推动班级整体进步的过程。

班主任要考虑全班同学的共同利益。班级的每一项管理措施的实行，最终都是为了帮助班级和个人进步，所以，理应要得到绝大多数同学的支持。而获得同学们支持的主要方法就是强调利益一致原则，再就是走民主路线，让学生通过反思、讨论，自己得出结论、制定规则，班主任则起引导作用。

一旦遭遇这样的事件，开一次有针对性的班会是个不错的办法。开班会之前，如果先做好调查、了解工作，摸清学生的态度，效率就会更高。

对学生的惩戒也有必要，但方式应该是学生可以接受的。

三、利用班会课进行规则教育

班会课是班级教育的主阵地。设计有意义、有效的班会课是班主任的基本功之一。说到班会课设计，很多班主任可能会想到一些时尚的话题和新颖的形式。有一类班会课，并无高大上的主题，也无花哨的形式，却是班主任管理班级必不可少的，那就是“解决问题式班会课”。它既是班级面向集体的重要教育形式，也是班级管理的利器。

（一）解决问题式班会课的优势在哪里

解决问题式的班会课常用于讨论班级当下较为突出的热点话题，或者突发性事件，目标是师生双方对班级中的重大问题达成共识，并找到一些解决问题的方案。

相对于其他班级教育形式，解决问题式班会课具有以下优势。

①针对性强。可以就班级中出现的某一方面的问题做专门讨论。

②时效性好。可以及时解决班级当下存在的问题。

③组织方便。无须刻意准备班会素材，班主任只要觉得有必要就可以随时组织。

④应用面广。只要是在班级管理或教育中出现的群体性问题都可以通过这种方式解决，对班级整体的进步有实质性的帮助。

⑤发扬民主。可以把班级中的重大问题摆在台面上研究。班主任起引导作用，以学生自己思考、讨论为主，由学生自己判断对错，得出结论，提出问题解决方案。学生成为解决班级问题的主体。

⑥教育效果好。班会课的题材都是班级中真实发生的事，贴近学生的

生活，所以他们注意力容易集中，讨论起来有话可说。

解决问题式班会课可以充分发挥学生的主观能动性，对帮助学生明辨是非、整肃班风、建立正确的舆论导向有很大作用。

（二）解决问题式班会课该如何组织

解决问题式班会课也是课，在设计教学环节、教学活动等方面与学科教学有很多相似之处。每一节课都应有明确的教育目标，并运用以启发式为主的教学方法。教学过程中既有班主任的引导、讲授和归纳总结，也有学生的讨论；既有案例分析、思考，又有课堂反馈练习和课外作业，等等。其中，班主任引导、启发学生思考和讨论（自由发言或有准备地发言）是关键。

解决问题式班会课的一大特点是可以充分发挥集体议事的功能。在此过程中，会出现大量思想观点，对班主任的临场应变能力是个考验。但这也是这类班会课的魅力所在。由于所有的结论、方案都是经过大家讨论得出的，班会课上通过的议案的执行力也就较强。总之，解决问题式班会课是实现班级民主管理的重要方式。

解决问题式班会课具体操作方法如下。

1. 班会准备

班会课通常由班主任亲自主持，或班主任与班干部配合主持。召开班会前要做好相关的准备工作。

（1）确定主题

任课教师或学生自己发现了问题，班主任如果认为这些问题有必要进行集中讨论，即可组织班会。班会的主题不能大而空，应是班级亟待解决的问题或者近阶段教育的重点，与学生的学习、生活息息相关，与班级管理也有着密切的联系。

（2）确定班会的组织形式

根据主题，确定最适合的形式。以下一些形式可供参考。

①圆桌会议。全班学生围坐，班主任和主持人也落座其中，大家可以自由地发言讨论。这种形式的班会，优点是可以营造民主、平等的对话氛围。

②小组议事。学生分小组围坐，每组分别确定组长和记录员，班主任将讨论材料分发到每个小组，小组成员均可自由发言。这种形式班会的优点是，可以充分讨论，学生发言的机会更多，提出的建议也更多。

③授课式班会。不改变教室平时的布置，主持人在讲台前主持班会，发言的同学或站在原地，或走上讲台。这种形式班会的优点是，便于控制班会进展和秩序，便于集中讲解、统计投票结果等。

④对坐辩论。如果讨论的主题有争议，可以采用辩论会的方式，持不同观点的同学分两方（或三方）对坐，主持人站在前面。每一方确定一名负责人，同时，可以推举几名骨干同学作为重点发言人。这种形式班会的优点是，不同观点自由碰撞，产生火花，更容易引发学生思考。

(3）准备材料

确定主题和组织形式后，即可据此准备材料并备课。比如，将事先围绕主题所做的访谈、调查问卷统计结果用文字、图表、实物、照片、影像、调查报告等方式呈现。

2. 班会过程

一节班会课不可能解决所有问题，必须采用“集中力量打歼灭战”的做法，力求在有限的时间内完成既定目标。所以，班主任要注意控制班会的场面，既能发扬民主，又能通过讨论让学生明辨是非，就某些问题达成共识。

班会课上，首先要呈现问题，然后大家就此展开讨论。在讨论时，班主任或班干部要注意引导。班主任的启发和点评非常重要。班会课的大方向掌握在班主任手中。引导的最佳方式是提问，班主任应提出问题，启发学生思考。讨论要充分、自由，同时一定要安排专人做好记录。

通过讨论或辩论，可以得出一些初步结论，虽然不一定是全体学生一致通过，但必须得到大多数同学的认可。要特别强调的是，所有结论都应该是学生经过思考、讨论生成的，不是班主任强加给学生的。一旦达成共识，以决议或公约的形式呈现，大家就要无条件执行。

根据研讨的不同主题，班会课还可以安排以下两个环节。

（1）投票或表决

班主任在表决前要说明规则，是简单的少数服从多数，还是三分之二或四分之三同学投赞成票才能通过。

（2）布置课外作业（课后思考）

布置作业不仅让班会课的流程更加完整，也是将班会课即时的教育效果加以巩固、延续的好方法。完成作业是学生进行再思考的过程，同时为后续的教育做好了准备。这样的教育过程就是连续的，效果会更加明显。解决问题不能一蹴而就，班主任必须做好打持久战的准备。

【案例 2–4】解决问题式班会课实例——手机

我曾经就手机问题开过主题班会公开课，受到与会同行的认可与好评。这节课就是典型的解决问题式班会课。我设计了五个板块，环环相扣，层层深入，最后指向问题的解决。所有问题均由学生回答、解读和讨论，教师只做引导工作。

班会课主题：某班级学生玩手机的现象比较严重，已对学习和课堂教学秩序带来了一定困扰。班主任应该如何教育、引导学生？

班会主持人：班主任（助手两名，均为学生）。

授课对象：由 40 个初三学生临时组成的“班级”。

班会流程：课前分组，10 人一小组，各选出组长一名。选班主任助手两名，一人负责做记录，一人负责统计票数。

板块一：校园手机知多少（6 分钟）

要解决问题，首先就要了解情况。所以，班会的第一个环节是调查、了解。我设计了几个问题，学生以举手的方式回答，由我的助手统计结果。

（1）我们班有多少同学有手机？

（2）你是从什么时候开始拥有自己的手机的？

A. 六年级前　　B. 六年级　　C. 七年级　　D. 八年级

(3) 你手机的价格大约是多少?

A. 100 元以下　　B. 100—1000 元

C. 1000—2000 元　　D. 2000 元以上

(4) 你手机的来源是哪里?

A. 家长买的　　B. 家长用过的

C. 自己用压岁钱买的　　D. 其他

(5) 你每天使用手机大约多长时间?

A. 少于 1 小时　　B. 1—2 小时　　C. 2 小时以上

(6) 你通常在什么时间段使用手机?

我在现场不仅统计了数据，还就其中几个问题做了个别提问。比如，了解了最早使用手机的时间、寻找班级里最昂贵的手机、每天使用手机时间最长的是哪一位同学，等等。

[通过 6 分钟的调查，我获得了大量信息。我主张，一定要在掌握学生的情况之后再开展工作，否则，无的放矢，效果会很差。在这些信息中，手机的价格、每天使用手机的时长和时间段对手机的管理有着重要价值。]

板块二：学生手机使用面面观（8 分钟）

(1) 你主要用手机做什么?

(2) 家长对你使用手机有什么看法?

(3) 老师对学生使用手机有什么看法?

(4) 手机给你带来的好处是什么?

(5) 没有手机的好处是什么?

[这些问题引导学生多角度地分析问题。事实证明，任何一边倒的观点都是偏颇的，任何成人强加于学生的观点都不能得到学生的认可。争议、讨论甚至辩论正是班会课的亮点。手机本身是双刃剑，学生只有明白了这个道理，才有可能引发如何合理使用手机的思考。所以，本板块看似和解决问题无关，但所有设计都是为最后在关键问题的看法上达成共识做铺垫。]

板块三：如何正确使用手机（10 分钟）

(1) 你会使用手机吗?

(2) 说说你自己或你身边不文明使用手机的现象。

在这个环节中讨论非常热烈，学生发言很踊跃，回答也很精彩，几乎将人们生活中常见的不文明使用手机的情况都罗列了出来，为最后教师引导学生自己得出应该文明使用手机和合理管理手机的结论打下了良好基础。

讨论后引出思考题，引发微型辩论：如果我班规定上课不允许使用手机，你是否认为侵犯了你的权利？

学生分成两派，一派认为侵犯了自己的权利，另一派认为没有。双方观点有碰撞，但谁也说服不了谁。

教师继续加以引导：既然有人认为上课不允许使用手机侵犯了你的权利，那么为什么各种集会的场合都要规定手机关机或静音？

[联系到前面有关不文明使用手机现象的讨论，学生应该有所感悟。这个问题比较深，是本节课的难点之一，我会放在最后做解释。]

(3) 手机使用与安全。

案例引入：一个女孩儿一边走路一边看手机，结果掉进深坑造成死亡。

学生发言。经整理，因使用手机造成的安全问题可以分成三类。

第一，人身安全问题。

第二，财产安全问题。

第三，隐私安全问题。

通过讨论，学生对这个问题有了比较清楚的认识。

(4) 手机与健康。

过度或不正确使用手机会对人的健康造成伤害。我建议学生回去查找资料，把这个问题搞清楚。(本节课上不展开，放在后续教育中)

(5) 手机与学习。

所有学生都认为手机对学习有帮助。学生还举出了很多例子，如用手机学习英语、查找资料等。我建议学生和教师一起寻找使用手机对学习有益处的证据。

(6) 你有手机依赖症吗？

有学生承认自己有手机依赖症，我让学生自己说说主要症状有哪些。

[板块三是本节课的重要过渡环节，学生通过讨论得出的观点直接关系

到学生最后是否认同班级的手机管理规定。]

板块四：案例研讨（10 分钟）

（1）案例一：某班级上课时同学们玩手机成风，对此你有什么建议？

分小组讨论，组长代表发言。

[我希望用民主的方式让学生自己制定管理规则。设置这样的问题，是为了让学生换位思考，从而理解为什么学校会限制学生使用手机。这些建议对班级最后制定具体的管理条例是很有参考价值的，因为这是学生自己思考的结果。]

（2）案例二：某中学一名高三学生因为班主任没收了自己的手机，用刀把班主任捅伤了。如果你上课玩手机，老师没收了你的手机，你会怎么做？

小组讨论，派代表发言。

[为了防止将来在手机管理问题上可能引发的师生冲突，班主任必须对学生进行引导，告诉学生处理问题的正确方式。]

板块五：我的手机我做主（8 分钟）

（1）我们将同学们使用手机的情况分成以下几种类型，请大家对号入座。

A. 我不带手机到学校

B. 我带手机到学校但能保证关机

C. 我带手机到学校，基本能做到关机，偶尔会控制不住玩一下

D. 我带手机到学校，而且控制不住地要玩

打印出表格，统计学生的手机号码。学生在课后填写，班主任与家长一一核实。

学号	姓名	手机号码	备注
1			
2			
3			
4			
5			
6			

（续表）

学号	姓名	手机号码	备注
7			
8			
9			
10			

备注栏注明：带或不带手机到学校。

(2) 班主任询问学生

①老师怎么知道你不带手机？

②老师怎么知道你关闭了手机？

[设计这两个问题的初衷是想从学生的回答中发现他们平时对付老师检查的方法，进而制定出更有实效的管理政策。但是学生并不都是按照我的设计思路回答的，比如第一位同学就回答了两个字：信任。]

我抓住机会，在对这个回答予以充分肯定之后，立即指出：师生之间、生生之间必须建立信任，但信任有时又是脆弱的，一旦被破坏后果将十分严重。我们制定规则就是为了保护信任。同时，手机管理不是剥夺大家的权利和自由，所有的权利和自由都是相对的，不存在不受任何约束的权利和自由。班级管理手机不是为了压制大家，老师也不认为手机就是造成一切问题的根源，我们这样做就是为了帮助一部分同学。所以，请大家围绕以下问题进行讨论。

③自控能力差的同学该怎么办？

④你认为班级应该制定哪些具体规则来管理手机？

[虽然到最后才触及手机管理的实质性问题，但如果没有前期的铺垫，就不可能在全班范围内就手机使用问题达成共识。前面的工作做到位了，最后管理措施的出台就会水到渠成。具体条例的制定可以放在课后进行，找一个机会，全班通过一下即可出台。]

班会小结（1 分钟）

第一，买了手机就是要用的，但如何用好手机是一门学问。

第二，使用手机是你的权利，不文明使用手机就侵犯了别人的权利。

第三，考虑到班级的整体利益，我们必须管理好手机。

[在小结中将课堂上曾经辩论过的关于上课时限制使用手机是否侵权的问题带过。因为经过充分的讨论，学生对此已经有了一定认识，这样的结论也容易被学生接受。]

布置作业（1分钟）

第一，班委会整理本节课讨论的手机礼仪和同学提出的建议，拟定《文明使用手机公约》和《班级手机管理规定》。

第二，板报小组根据本节课的内容，结合课外查找的资料，以“你会使用手机吗”为主题出一期黑板报。

第三，完成主题周记《手机自我管理方案》。

通过以上讨论，我们基本弄清楚了所谓“解决问题式班会课”是怎么发现问题、讨论问题和解决问题的。班主任可以用这种职业的做法解决班级日常运作中常态化的问题，营造良好的班风和班级舆论氛围，带领班级克服困难、促进班级持续发展。

班会课是进行规则教育的重要方式，固定的时间安排能让这样的教育活动具有系统性，具备成为一门课程的可能性，但这需要教师精心组织和设计。设计的思路主要是将班级当下问题的解决和长远育人目标相结合。只要班主任的带班理念坚定，坚持利用班会课强化对学生的教育，班级发展的大方向就不会偏移，班风也就会很健康。

学生定期接受一定的思想教育是十分必要的，甚至比上文化课还重要。关键是这样的教育必须正确，有助于学生的健康成长，同时也必须是学生能够理解和接受的。班会课要接地气，不能只停留在讲大道理的层面上。

学生适应了班会课的教育方式后，就如同学习学科内容一样，他们就不会有抵触情绪，教育效果就会越来越好，班主任的教育也就会越来越顺利。

第三章

利用班级议事解决教育难题

议事，就是大家在一起商议公事。班级议事，不仅是班级民主管理的主要方式，也是教育学生的重要方法之一。让学生参与议事，可以增强其民主意识，提升其自我管理的意识和能力。在本书第二章中提及的解决问题式班会课其实就是班级议事的一种方式。

班级议事把话语权还给学生，让学生有机会表达自己的意见，说话有人听，意见可能被采纳。学生参政议政，成为班级真正的主人，这是班级管理的一大进步。班级议事成为班级管理研究的热点是一件好事，说明班主任开始关注学生在班级管理中可发挥的作用，也更尊重学生的合理权益了。但是，仅凭感觉和经验做班级议事是不行的。班级议事在教育中具有独特的作用和较强的技术性。

一、班级议事如何操作

经常议事，可以让班级充满民主气氛，使班级团结而和谐，也能让班级的管理水平上一个层次。班级议事看上去很美，做起来似乎也很简单，不就是大家坐下来讨论事情吗？其实，议事操作有很高的技术含量。如果对议事的策略掌握不好，就会给班级管理带来一些麻烦，甚至让班主任陷入尴尬的处境。有班主任就曾经直言：虽然知道议事的方法很重要，但是对议事的操作方法与效果并无把握，所以干脆不用。

那么，班级议事该如何操作呢？我们用一个比较典型的案例进行解读。

【案例3-1】班规议事也“意外”

转眼就到了新学期开学第三周的班会课。各个小组征集上来的班规条款已经汇总成草案，全班最高权力机构“全体学生代表大会”正在逐条讨论，一旦通过，将产生正式的“法律”效力。

大多数班规的表决基本顺利，但当讨论到“迟到，扣除量化分1分；一周迟到两次或两次以上，加倍扣分；小组成员一周无迟到情况，组内每名成员加1分”这一条时，卡壳了。

“迟到大王”峰率先发言：“我认为这条班规不合理。很多同学迟到不是故意的。比如，有的同学可能因为闹钟坏了而迟到，有的同学可能因为公交车误点了而迟到，所以迟到不应该扣分。”

我觉得他的理由很苍白，肯定会引起大家的讪笑。但让我感到意外的是，他的话引起了一片附和的声音，甚至还有几位同学起哄鼓起了掌。

学习委员颖站起来反驳说：“你不能因为你开学两周迟到了五次就否定这条班规的合理性。哪个班级允许迟到？在社会上又有哪个单位纵容员工迟到？”英语课代表丽也跟着表达了意见：“班级制度是对事不对人的，我们表达观点的时候不能有太多的个人因素，总不能把迟到说成是合理的吧？”

峰站起来梗着脖子说：“我不认为迟到是对的，但我们总有遇上刮大风、下暴雨等恶劣天气的时候，也会有身体不舒服等特殊情况。没有谁愿意迟到，只要迟到就扣分，这样太不人性化了，我坚决反对。”他的这次发言引发了更大的躁动，获得了更多的掌声。

看着场面变得越来越混乱，主持讨论的班长说：“这样吧，咱们对这一条进行表决吧，请同意的同学举手！”结果全班56人，支持迟到扣分的仅有22人，有34人投了反对票。全班同学齐刷刷地看向坐在教室后排的我，有几个人的眼神还颇为得意，好像在说：“老师，你不是说充分尊重民意吗？看你怎么办！”

尽管对出现这个局面大感意外，但我仍尽量稳定住情绪。我走上讲台，坦诚地表达了自己的想法：“其实，我非常希望这一条班规能够被通过，也觉得大家肯定会同意，因为一个纪律严明的班级必须有严格的考勤制度。

但既然多数人不同意这一条，我们就不将它写入班规。老师绝不会把自己的想法强加给你们。”

峰的脸上露出了得意的微笑。

这时，丽又提出了新的想法：“老师，要不把这一条先修改一下再表决行吗？例如，每月迟到一次不扣分，因特殊情况迟到也不扣分。”

体委强立即提出了反对意见：“这样改肯定不行，因为所有迟到的同学都会说自己是因特殊情况而迟到的，而我们没有办法鉴定是否为特殊情况。”

同学们在下面七嘴八舌地说话，但看他们的表情，不同意的还真是不少。我观察了一下，表了态：“我尊重大家的意见，这一条没有被通过。时间不早了，请同学们继续表决其他条款吧！”

“老师……”丽还想说什么，我制止了她。

一下课，颖和丽就跑到了我的办公室。“老师，他们太过分了，故意起哄。”颖说。我笑着安慰她们：“其实，大家不支持这一条也是能够理解的，主要不是反对制度，而是担心自己一不小心迟到了会被扣分。另一方面，也说明我们考虑得还不成熟，工作还没做到位，没能完全考虑到大家的需求。时间久了，大家就会理解的，下次还有机会嘛！”

我知道，如果大多数人不同意，我强行让这一条班规通过的话，只会让同学们反感，不能让他们从心底里认同，结果会适得其反。

班级有了班规以后，各方面明显规范多了。尽管迟到的情况在班级里还是时有发生，但我惊奇地发现峰迟到的次数明显减少了。

日子过得很快，期中考试后的班规修订班会又到了。我几乎已经忘了那条被废弃的班规。班会课上，全班同学对班规的部分条款进行了修正和增补。最后，班长问：“还有什么补充的吗？”这时，峰站了起来，说：“老师，我有话说。上次那条关于迟到处罚的班规还是应该有的，我承认上次讨论的时候的确有个人因素在里面，我害怕自己迟到，怕被扣分。这段时间，学校班级量化排名我班一直排在前列，唯一被扣过分的就是迟到这一块。所以，我提议将那条班规加进去，这样我们的班规就更加健全了。”

又是一个意外！对他能说出这番话，我感到非常惊讶。让我更加意外的是，他讲完以后全班响起了热烈的掌声。结果当然是这一条班规被高票通过。

我的心里充满了感动，也非常庆幸自己当时没有强行通过这条班规。如果我们只在形式上赋予学生民主权利，却不能让他们在议事的时候真正享有这些权利，就不可能激发他们的参与意识和责任感。有时候，我们调动学生的积极性和主动性比强迫他们做一些事情更重要。如果我们尊重学生，尊重他们的想法，并予以合理的引导，我们就有可能收获更多的“意外”。

（案例提供：安徽省芜湖县第一中学，陈光明）

【案例点评】

班级议事本来是好事，但缘何会出现各种意外，导致议事陷入混乱，效果为负呢？给大家提几条建议。

（一）打好班级议事的群众基础

现在学生普遍权利意识淡漠，不知道自己拥有哪些权利。他们习惯接受校方的管理、训诫，无论是否出于自愿，他们的表现多是“不加思考地被动接受”。对于不能接受的，往往通过非理性的方式表达，以致酿成各种师生冲突。虽然现在这种状况较过去要好一些，但依然问题很多。另外，由于学生缺少民主意识，又缺乏亲身体验，班主任经常要面对“你给他权利他都不会用或者乱用”的状况。这些都是班主任实施班级议事制之前就要考虑到的。

如何解决这一问题？我的建议是先打基础，选点尝试，在班级形成健康的议事氛围并在操作中取得相关经验之后，再逐步扩展到班级管理的各个方面，形成班级传统。

班级议事最重要的基础是班风。班风不正，没有健康的舆论氛围，议事就无法正常进行。

班级议事的另一个基础是良好的师生关系。在班级议事中，班主任需要引导学生。学生若不信任班主任，引导就很困难，一些学生甚至会利用议事规则和班主任唱反调，反而不利于班级管理。

所以，只有在这些条件具备，时机成熟之后，班主任方可考虑引入议事管理机制。

（二）制定严谨的规则并严格执行

建议班主任们首先学习一下罗伯特著《议事规则》一书，一定会受到很多启发，尤其是对那些有过议事经验或教训的教师更是如此。虽然班级议事相对简单，但基本的规则还是应该有的。具体规则可以借鉴《议事规则》里的相关内容，但一定要适合自己班级的情况。

事先制定严谨的议事规则并在议事过程中严格遵守，既可以提高议事的严肃性和公信力，又有利于控制议事进程，保证议事的秩序。

上述案例中，“全体学生代表大会”是全班最高权力机构，但开会时连一个基本的规则都没有，实在是不够严肃，也容易出现问题。如果班主任、主持人和与会人员对议事规则有所了解，就不会出现“意外”。我试作简单分析。

第一，要有基本的议事礼仪。发言人只能面对主持人说话（不能自己直接辩论），发言前要举手申请，得到主持人的回应后方可发言（不能想说就说）。如果大家的发言是随意的，就容易导致局面混乱失控，本案例中就出现了这种情况。

第二，要按照议事规则辩论。其实，班级中未必真有那么多人反对关于处罚迟到的动议，但结果却令班主任和班干部大跌眼镜。原因很简单，因为“迟到大王”峰的造势，导致一种意见压制了另一种意见。但议事规则是不允许造势的，并且有很多对策，如正反两方轮流发言，未发言者优先，对同一动议的发言要限制次数、限制发言时间，等等。这种限制对双方都是公平的，如果主持人严格执行规则，大家在一个公平的环境下辩论，同学们就会保持比较理智。

第三，表决的时机要把握好。主持人眼看局面越来越乱，企图用表决终止争执，结果却适得其反。表决的时机不对是主要原因。根据《议事规则》，表决应该“在充分但又不是没有限制的表达之后”，这种限制包括用完发言的次数或时间、没有人要继续发言，等等。那么，本案例的讨论是否已经充分了呢？其实，在这个环节中，班主任和主持人都是可以发言的（只是主持人的发言必须放在最后）。如果班主任希望动议被通过，那么，就应该在表决之前代表支持方发言，而不是等到表决结束后再“遗憾”地发言。班主任和主持人（班长）的发言肯定是有分量的，对表决结果会产生影响。看来班主任还是要了解议事规则——在表决前任何人发言都不会破坏民主，都不算强行通过动议。

《议事规则》对如何表决也有非常明确的规定，对班级议事有很强的指导作用，在此不详细展开。

第四，英语课代表丽关于“修改规则再讨论表决”的提议是合理的，它类似于决议的修正案，至于是马上改变会议程序，还是暂时搁置，可以由主持人或班主任决定，但是断然拒绝显然不妥。议事规则强调必须保护少数方的权利、避免一锤定音的表决，而推动一种“折中、妥协”的会议机制，修正案就是其主要工具。就本案例来看，暂时搁置可能是一个比较合适的做法。

我们不能因为班规没有通过但后来班级管理取得了好的效果就认为以前班级如此议事是成功的，按照案例中的议事方式，以后的“全体学生代表大会”还可能再出问题。

（三）加强对班级议事的引导

班级民主管理不代表什么都听学生的，自主管理也不代表班主任可以放任自流。班级如果缺少了班主任的有效引导，很难走上健康发展之路。

班主任对班级议事的引导，主要体现在以下几个方面。

第一，制定合理的议事规则和程序。合理的规则本身就是议事公平、公正的最大保障，也是班主任对班级议事最有效的引导。

第二，向全班同学普及议事知识，讲解议事规则。

第三，通过各种教育手段提升学生的民主意识，在班级营造民主协商的氛围。

第四，在班级议事中坚持原则。该协商的协商，该按照规则办的就一定按规则办，不能随意改变态度，更不能被现场气氛左右。

第五，培训得力的议事主持人（主席）。在议事中，主持人是最重要的角色，议事规则就是靠主持人贯彻执行的。所以，如果是学生担任议事的主持人，班主任应该加以重点培训。议事主持人必须熟悉议事规则并保持中立，在学生中要有一定威信。

第六，在充分调研的基础上，提出合理的议案，并且在议事之前广为宣传，在议事过程中以自己的发言引导学生，做好说服工作。班主任当然可以有自己的议案，但班级议事的民主性体现在班主任不是用自己的职业权威将议案强加给学生，而是需要征求学生的意见，让议案被学生认可。

第七，做好重点学生的工作。班级的学生大多随大流，因此要尤其关注那几个喜欢领头的骨干学生。班主任要多与这些学生交流沟通，建立良好的关系，议事之前也可以询问一下他们的看法，这样既尊重了学生，也能对学生随后的发言有一定的准备。

二、议事规则如何制定

很多议事中出现的意外其实并不是意外，按照规则议事就基本不会出现意外。这就说明了议事规则的重要性。

那么，如何制定一套严谨的议事规则呢？我们以制定选举班干部的规则为例。

班干部选举一般包括制定选举规则、根据规则和一定程序选出班干部以及选举结束后的善后工作三个步骤。对学生来说，选举班干部可不是小事；对班主任来说，选出大家信任的能力强的班干部不仅可以提高班级管理质量，还可以通过选举过程提升学生对班集体建设的关注度，培养学生的民主意识，可谓一举两得。但是，班干部选举也是比较敏感的，容易引发矛盾和各种问题。选好班干部，制定选举规则是最关键的一步。请看以下案例。

【案例 3–2】“激情吧”里的点赞

一、遇挫

由于原班长要出国留学，导致班长职位出现了空缺，寻找合适的人选迫在眉睫。在确定选举规则时，同学们发生了激烈的碰撞。有同学认为直接投票选举，得票多者胜出。有同学反驳：“得票最多的人可能是老好人，不适合当班长！”也有同学认为，班长应该在两个副班长中间产生，因为副班长已经积累了较为丰富的管理经验。这个提议也遭到了一部分人的反对：“某同学带领的小组一直是班上最优秀的小组，他当然比副班长更加适合当班长！”有同学提出应该选举历次考试中学习成绩名列前茅的同学担任班长……大家各抒己见，争得面红耳赤。

究竟应该制定什么样的选举规则？我陷入了深思。

晚自习前，我从管理员手中拿过“激情吧”，对大家说：“既然大家讨论不出结果，我们就写下来吧！班长选举规则的确定分为两个阶段。第一个阶段，大家在‘激情吧’中发帖子，写下你认为合适的班长选举规则。第二个阶段，大家点赞、跟帖。根据点赞的数量由主持人和我共同确定精华帖，据此整理出班长选举规则。为了保证公平和有效，每位同学只能点一次赞。”

“激情吧”是班里的“纸上贴吧”，每天都会有同学在“激情吧”里发帖。帖子的主题有“班级要闻”“心路历程”，还有每周更新的“学长大事件”，等等，内容丰富多彩。当然，偶尔也会有同学在“激情吧”中抱怨几句，诉说内心的不快。

二、议事

第二天早上，我翻开“激情吧”，发现大家的热情远远超过了我的预期。

小王同学写道：“班长的候选人一定要品学兼优，自己平时表现不好怎么能管理他人，一个无法管理好自己的人怎能让大家信服？”

小李同学写道：“应该让每位同学写下两个自己心目中最佳班长候选人的名字。为保证公平、公正，班主任应对排名前三的候选人进行面试，通过面试的同学才能成为班长。”

虽然这个帖子得到了 1 个赞，但有同学这么评论：“万一候选人都没有担任班长的意愿呢？会不会出现大面积拉票的情况？”

小张同学发表了观点：“小李的想法不错，但是需要完善。愿意当班长的同学可以毛遂自荐，班长候选人在自荐的同学中产生。如果有同学不愿意当班长，我们还投他的票，岂不是自作多情了？”这个帖子获得了21个赞。

小马同学写道：“我们可以结合考试成绩、同学评价、教师评价三个指标进行综合考量，再确定班长候选人。考试成绩指的是历次考试的平均分，同学评价指的是同学投票的票数，教师评价指的是老师对每位同学的评分，满分100分。”这个帖子获得了24个赞。

小何同学写道：“综合考评的方法太麻烦了。我们首先要确定候选人，候选人的产生有两个途径：毛遂自荐，老班推荐。确定候选人后，候选人在班会课上发表竞选演讲，演讲的主题为‘我将这样当班长’。根据演讲情况，我们进行投票，得票最多的同学成为我们的班长。”这个传统的投票选举法很意外地得到了27个赞。

……

三、定规

小何和小马同学发的帖子反响十分强烈，被选为精华帖。小何同学所发帖子得的赞最多，结合其他同学的评论和补充，班长选举规则应运而生。

第一步：通过自荐、同学推荐、班主任推荐三种方式确定班长候选人名单。

第二步：班会课上，候选人发表演讲，时间不超过5分钟。

第三步：候选人自评，满分10分；班主任、每位同学分别给候选人打分，满分10分。

第四步：小组长统计数据并交给学习委员，去掉最高分、最低分，平均分最高的同学即成为班长。

第五步：班长试用期一个月，试用期间若表现优异，可以担任班长至学年结束。

（案例提供：华中师范大学龙岗附属中学，解慕宗；选用时有删节）

【案例点评】

本案例主要讨论的是如何运用班级议事制定选举规则。作者熟悉罗伯特的《议事规则》并将其基本原则运用到选举的实际操作中，取得了较好的效果。班级议事的方式是多种多样的，案例中班主任利用“激情吧”进行议事的形式非常新颖。与传统的会议议事相比，书面议事令人耳目一新。案例中的具体选举规则是否严密暂且不谈，关键是规则出台的过程值得称赞。经过充分讨论、辩论制定的规则无疑具有较好的公信力。虽然贴吧议事的方式在推广上可能有些困难（因为这要求学生具有很好的个人素质和关心集体的意识，对班级舆论氛围的要求也非常高），但是其通过书面形式议事的思路是值得借鉴的。书面议事经过了学生的思考和整理，比口头议事要理性得多，议事的效率也比较高。

表决是议事的重要程序之一。表决方式一般有举手、投票两种。两种方式各自有适用范围，谈不上哪一种更民主、更合理。希望下面的案例能给你带来一些思考。

【案例 3–3】“大哥”当了副班长

开学第六周，按照计划，本周班会课是我班“班委选举会”。先是班长职位的竞选，我最看好的学生丽婷不出意外地以高票当选。接下来是两个副班长职位的竞选，唱票的结果却让我和许多同学大吃一惊，晓明得到了很高的票数。

在新生报到之前就有人向我提到过晓明，说他在小学里可是个“人物”，学习成绩一般却总是调皮捣蛋，时常以“老大”自居。晓明刚来到我班，并没有什么特别的表现，但现在我担心的事还是来了。

选举开始前，我告诉大家如果自己心中有更合适的人选，可以在各组推荐的名单之外自主添加。这样做为的是让更多优秀的同学进入班委，可我没想到晓明会以 31 票入选。

同学们都等着我拍板呢！一时间我有些不知所措，好在两个副班长的分工并未定下来，我还有点儿回旋的余地，于是我微笑着向晓明表示祝贺并鼓掌。接下来的选举还算顺利。

回到办公室，我迅速想办法。明天晚上的自习课上，就要进行就职演说和签订岗位责任书了，我必须先充分了解他为何能高票当选。我找了几名“亲信”询问，从开学以来的感受谈到今天成立的新班委，自然地谈到晓明。孩子们没有什么警觉，说起了晓明。上小学时，他调皮捣蛋，挑战校规校纪，学习不认真，不交作业是常事。他家里有钱，有些人总喜欢跟在他后边占点儿小便宜。班委选举前，他曾经和同学们讲“好班委应该和大家一条心，而不应监督、管理大家”。谈话结束后，一个学生偷偷折回来告诉我，晓明向他拉过票。这样，我心里就清楚了。

对于老师的严格要求以及班规的种种制约，不少孩子心存反感但不敢显露，那些敢于挑战老师、挑战班规的人因此成了这些孩子心中的“偶像”。晓明的言论赢得了市场，再加上他的拉拢，得高票数就不足为奇了。我该怎么办呢？

（案例提供：山东省临沂市沂水县下古村中学，于松峰）

【案例点评】

本案例中班主任遭遇的尴尬其实并不罕见。究其原因，表面上看是选举规则不够严谨，但从本质上看，是班风和师生关系问题导致学生和班主任不是一条心。解决方案之一是事先定好选举规则，特别是对候选人的综合表现应该有一定的要求。副班长一职的重要性毋庸赘言，不是随随便便什么人都能做的。不过，既然结果已经不好改变，因势利导就是班主任接下来的重要工作了。其实，“大哥”式的学生成为副班长也不一定就是坏事。他能高票数当选，说明在班里还是有一定人气和威望的。班主任可以以班干部的标准对他严格要求，督促他起模范带头作用，团结同学一起为班级做贡献。只要班主任做好学生引导工作，完全可以变被动为主动，化不利因素为有利因素。

以上两个案例都是关于班干部选举的。虽然选举只是一个点，但因为这个点包含了班级议事的主要流程，特别是议事规则的制定，所以，可以以点带面，举一反三。

制定一套比较严谨、合理、民主的班干部选举方法到底应该注意哪几个方面的问题呢？首先，选举规则应该由班主任带领全班同学共同制定并通过。其次，在制定规则时要考虑周全，包括选举中可能会出现的各种问题。班主任可重点关注以下几点。

（一）候选人如何产生

①学生自己申报，还是学生推荐或教师推荐？

②成为班干部候选人是否需要一定的门槛，如学习成绩、常规表现、综合素质等？

③如果是自己申报，没有人毛遂自荐怎么办？

④如果班级推荐了，被推荐者本人（或其家长）却不愿意怎么办？

（二）如何从候选人中确定班干部

①如果职位只有一个人申请，没有竞争对手，那他是不是就可以直接当选？

②如果一个职位有多个同学竞争，采用什么方法确定最后的胜出者？是投票，还是评分，或者由班主任定夺？

③如果是投票选举，那么是直接投票还是候选人先发表竞选演讲再投票？

④学生投票的结果班主任是否有权改变？

⑤投票结果是简单的得票最多的人获胜还是需要赢得更大比例的票数（如三分之二）？

⑥教师是否参与投票？教师的选票权重与学生的是否相同？

⑦如果有学生对选举结果表示质疑怎么办？

（三）选举的后续工作

①新班委要不要有试用期？若班干部在试用期犯了严重错误或者不能胜任怎么办？

②选举结果是否会引发新的矛盾？如何解决这些矛盾？

③班主任需不需要对没有选上的候选人或者落选的原班干部做一定的疏导工作？

上述很多问题都可以通过班级议事确定。议事的方式可以是班委（扩大）会、全体学生讨论会、小组座谈、征集书面方案，等等。

规范、严谨的选举规则本身就是班级民主的体现，也是对所有参与选举同学的尊重。以下提供一份我带班时用过的班委选举（改选）方案并附上简单的解读。制定这套方案时既听取了学生和同事的建议，也融入了我自己对上述问题的思考。

班委选举（改选）方案

一、班干部的任职资格和任期

1. 本班所有同学都有担任或选举班干部的权利。

2. 班干部承担着一定的班级管理和为同学服务的责任，应该由责任心强、工作热情主动的同学担任。

3. 班干部代表着班级形象，对同学有榜样示范的作用，班干部的日常表现必须良好并得到老师和同学的认可，其中对学习委员的要求是学习成绩优秀。

4. 本班班干部正常任期为一学期，任期期满后可以竞选连任，但连任不得超过两届。每学期期初举行班委换届选举。换届选举会要求全体同学和班主任参加。

5. 如果班干部在任职期间严重违纪并造成恶劣影响，班主任可以直接罢免其职务并指定临时负责人直至下一届选举前。所有同学都有反映班干部工作问题的权利，但除班主任外任何人无权任免班干部。

二、选举前的准备工作

1. 原班干部工作总结与评议

（1）班干部撰写述职报告，述职内容包括任职期间所做的工作、工作成绩自我评价、工作感想、对工作的想法或建议，等等。

（2）班干部公开述职，每人演讲三分钟。

（3）班主任对班干部工作做点评。

（4）全班同学对班干部投票评议。选票设计为：A. 优秀；B. 称职；C. 不称职。

（5）班主任将投票结果反馈至每一位班干部并谈话。

2. 新一届班干部候选人的产生

（1）学生自己申报。申报者可获得10分的奖励加分。

（2）如果某职务无人申报，则由班主任召开班委会推荐。

（3）原班干部在换届选举中默认竞选连任。除非

①已连任过一次。

②主动提出不参加竞选。

③申报竞选其他职位。

（4）候选人名单需经过班主任审核批准方可进入选举程序。如果候选人中有不符合班干部任职资格的，班主任有权对候选人名单提出删改意见，但需召开班委会说明理由并获得半数以上班委同意。

三、新一届班委会产生办法

1. 原班干部竞选连任，并且没有竞争对手，在评议中获得不少于三分之二“称职”及以上票数，将获得连任。

2. 所有参与竞选的候选人均需发表竞选演讲，每人三分钟。

3. 如果某职位有两个及以上竞争者，新班委将由投票选出。具体方法如下。

（1）如果某职位竞争者有两人，由全班同学对其投票，票数高者当选。

（2）如果竞争者超过两人，则由全班同学进行两轮投票，第一轮票数最高的两人入围。入围者有三分钟时间陈述自己的工作想法和计划，全班同学进行再投票，票数高者当选。

（3）班主任也参加投票，票数计入总票数中。

4. 如果原班委放弃竞选连任，该职位只有一名同学申报，则全班同学和班主任对其进行投信任票。

（1）获得三分之二及以上信任票，当选。

（2）信任票不到三分之二，不能当选，该职位视为空缺。

5. 某职位出现空缺，按下列方法产生当选者。

（1）由班主任组织原班委开会讨论，提名，并通知被提名人。

（2）如果获得提名的同学不愿意担任班委，则由班主任做该同学的动员工作，如果仍然不能说服该同学，则按上述流程再次提名其他同学。

（3）获得提名的同学向全班公示一周，如无异议，该同学当选。公示期间，该职位的工作仍然由原班委完成直至新班委上任。

（4）如果公示期间有同学有异议，需以书面或口头的方式向班主任提出。班主任做调查了解工作，如果有必要，可以召集班委开会重新推荐。是否重新推荐，由班主任确定。

6. 以上工作完成后，由班主任认可，颁发聘书，新一届班委会正式成立。

对班干部选举方案的简单解读及补充说明。

第一，设立班干部的“准入制”。虽然理论上每个人都有当选班干部的资格，但是，让表现欠佳但会拉票的学生当选，对班级的发展有害无益。所以，建议班主任在议事中把班干部的当选资格作为一个重要议题讨论，选举规则应该保证能成为班干部候选人的同学首先是有正气、表现良好的，选举班干部是好中选优，而不是简单地海选。

第二，考虑到一些学生可能会因为各种原因不参与，规则中应有鼓励学生参加竞选活动的政策。同时，参与竞选就有落选的可能，此政策对竞选失败的同学也是一种补偿。

第三，方案的严密性体现在无论选举出现何种状况，都能保证选出较为合适的班干部。这些状况包括：候选人空缺（班委会推荐、全班公示通过）、无竞争对手（即使无人与候选人竞争，参与者也不能保证必然当选）、多人竞争（最多不超过两轮投票即可选出最终的胜出者）等。

第四，既发扬民主，又不完全依赖投票表决，班主任在选举中要发挥重要的指导、引领作用。最关键的，是班主任对班干部候选人有审核权。此举从根本上保证了能参与选举的同学都至少符合班干部任职资格。

第五，在选举前后有一个容易忽视的问题，那就是原班干部的思想工作和情绪安抚。相关工作包括：选举前和班干部做一次谈话，配合述职报告，了解其真实想法和心理动态；在述职会上的点评环节中对原班干部的工作予以正面的评价和肯定；选举后对落选的候选人（包括原班干部）做一次鼓励性的谈心；对卸任的原班委会成员颁发荣誉证书和小纪念品表达谢意；将学生担任班干部的经历写入评语或毕业鉴定中，等等。这些看似和选举无关，其实非常重要。做好这些工作有利于保护班干部的积极性和新老班委会的平稳过渡，希望班主任予以考虑。

没有任何一个选举方案是完美无缺的，也没有任何一个方案适用于所有的班级。思路大于做法。希望班主任能仔细考虑选举前后各个环节中可能出现的问题，利用班级议事群策群力，制定一套严谨而合理的、适合自己班级特点的选举规则和程序，并做好相关预案，让班级议事对班干部民主选举真正起到保驾护航的作用。

三、班级议事的适用范围、形式以及教育价值

（一）明确班级议事的适用范围，丰富班级议事的形式

有效的班级管理应该注意避免“走极端”“一刀切”“模式化”等错误思维。班主任应该清醒地意识到，班级管理没有万能的、完美的策略。任何教育管理方法，都有它的优点和缺陷。班级议事虽然比较科学民主，是先进的管理方式，但也并非十全十美，更不能用于解决班级中的所有问题。

一般而言，班级议事比较适用于分析班级问题（讨论、辩论）、制定规则、头脑风暴（寻求解决方案）、收集反馈意见，等等。不适用于宣传动员、发布信息、述职演讲、总结点评等活动。

班级议事的操作方法也是多种多样的。班级大会、小组座谈、辩论会、案例分析型班会课，都属于班级议事的范畴。班主任可以根据实际情况，灵活地选择合适的形式。比如，在我的班级管理中，小组座谈会是一种常用的做法，可以按照管理的需要随时召开。利用班会课时间，组员围坐在一起议事，组长做好组织、记录工作。座谈会讨论的都是班级的热点问题、共性问

题，也可以讨论班级管理规则，让学生对班级管理提出意见和建议。每次座谈会都要确定议题，座谈会的最后要留出一定时间，由每组的组长发言。会后要整理会议记录，汇总、提交班主任作为决策的参考。另一种方式是小组提案，由若干组员发起，形成文本后提交班主任，再由班级大会讨论通过。

小组座谈会让学生有了当家做主的感觉，通过这种方式，班主任还可以很好地掌握学生的思想动态，发现工作中的不足。小组座谈会还提供了一个平等交流、对话的平台，学生可以畅所欲言，宣泄情绪、释放压力。

（二）班级议事的教育价值

在班级议事中，从营造议事氛围、培养议事习惯，到制定议事规则、行议事流程，每一步都是学生全员参与的。学生唱主角，认同度高，因此执行阻力小，班主任虽费心但是省力。所以，从管理效果来看，无疑比传统的一言堂式的管理方式好得多。但是，班级议事的价值远不止于此。班级议事其实是培养了学生的民主意识和对团队的责任感，提升了他们独立思考问题的能力和领袖意识，对他们今后成为一个有社会责任心的公民和在社会各团体中的发展有着深远影响。

所以，班级议事，是思辨多于表达、理性胜过热闹、本质大于形式的。

（三）走出班级议事的误区

由以上论述可以发现，不是只要班主任召集学生商议事情就是班级议事。希望班主任多多学习议事知识，走出对班级议事理解上的误区。

①发扬民主≠什么都听学生的。

②倾听学生意见≠大家可以随意发言。

③尊重学生权利≠班主任不能坚持自己的观点。

④班主任分权≠班主任失去对局面的掌控。

⑤辩论激烈≠议事效果好。

⑥大多数人的意见≠正确的意见。

⑦表决通过的议案≠不可以修改的议案。

第四章

培养团队精神的方法

一个班级要想发展得好，不是靠班主任或哪一位教师个人的努力，它需要来自各方面的支持与合作。但是，合作精神和团队意识并非每个人都生来就有的，需要通过教育习得。一个简单的例子是，当你问一个学生到学校来是干什么的时候，学生基本上会回答是来学习的。学习什么？学习知识。学习知识又是为了什么呢？为了考一所好大学或者好高中。很少有学生会回答，我来到学校，就是学校的一员，我有责任为学校、为班级尽点儿义务、做点儿贡献。其实，每个学生来到学校，都有两条紧密联系的发展路线：一条是实现个人奋斗目标，另一条是发挥个人在团队中的支持作用。只有学生个体发展得好，班级整体才能发展得好。所以，两条发展路线，既不矛盾，也不对立。特别是团队意识的培养与教育，既是对个体发展的促进，也是班级整体发展的保证。

每个人都有利己的思想，但我们要通过教育让学生知道，人是不可以离开社会独立存在的。在当前的社会背景下，针对目前一些学生，特别是中学生中自私自利现象较为严重的现实，加强集体主义教育和团队意识的培养迫在眉睫。学生团队意识的增强，会极大地促进班级整体的发展，班级整体的发展又会让所有身在其中的学生成为受益者。所以，个人进步与团队发展，本身就是一致的。

我在研究中发现，一个班级要想管理得好、发展得好，其实并不是靠那些规章制度或奖励惩罚，也不是靠班主任的职业权威。如果一个关键问题不解决，再好的顶层设计和管理方法也不可能奏效，这个问题的核心就是一个字——人。班级管理要靠人来完成，班级管理归根到底是为了人的发展。

一、从学生一进校就开始培养团队意识

（一）第一份考卷——我能为班级做什么

新一届的学生来了。对他们的第一项教育内容就是告诉每一个人：今天你已经是班级的一员了。班级不是靠哪个人或哪几个人就能发展的，每一个人都很重要，都是班级发展不可或缺的支持。所以，从第一天开始，每个人都要具备一种意识：我可以、也应该为班级做点儿什么。大家都努力了，班级就一定会不断进步。

学生拿到了入学后的第一张考卷——一份题为“我能为班级做什么”的调查问卷。

【调查问卷】

我能为班级做什么

①你的特长或爱好是什么？

②你对什么事情感兴趣？（指为班级做事）

③你在过去的班级里做过什么工作？

④在新班级里你愿意为集体做点儿什么？（想到什么都可以写）

透过丰富多彩的答案，我看到了同学们争相为集体做贡献的良好愿望，这是建设强大班集体的第一笔财富。但是，我也通过几份不咸不淡的答卷读出了一些同学的不自信和对集体事务的冷漠，这是我今后要关注与教育的重点。

这份问卷不是为了简单地了解工作意向，而是拷问了学生的责任感和团队意识。班主任应该有这样一种意识并将它传递给学生——班级生活的方方面面、点点滴滴，无时无刻不在考验着我们，我们在这个集体中的一举一动、一言一行都是在答题。我们需要经常看看自己交出了怎样的答卷，是满分还是不及格。

（二）致学生的第一封信——我希望你怎么做

学生来到新班级后，不仅拿到了一份问卷，还收到了我写给他们的一封信。

在信中，我对新生入学的注意事项和班级规章制度做出了友情提醒，重点谈到了学生在班级中的哪些行为将获得好评，鼓励他们多为集体和他人做好事。

信中写道：

以下行为将会让你得到表扬，也会给你的形象加分，你很快就能体会到这样做给你带来的愉快感觉和实实在在的回报。

①随手捡起教室地面或者班级包干区里的垃圾，无论你是不是当天的值日生。

②友善地对待同学，热情地帮助他人。

③在班级或老师需要你提供帮助时及时站出来。

④遇见老师时，主动问好。

……

这一小段文字提到的四个值得表扬的行为中，有三个涉及帮助班级或同学的行为，向学生宣讲了班级正确的价值观。

（三）第一次点评——我们都应该这么做

强化教育的手段是多元化的，教师的点评是其中重要一环。我把在新班级的第一次点评送给了一个普普通通的孩子。新生报到那天，她在没有任何班级规定或者我的暗示的情况下，默默地捡起散落在教室垃圾桶旁边的纸团。这个细节被我观察到，成为教育学生的第一个素材。我在班上大力表扬了这位同学，称她为“感动班级第一人”。我指出她行为的可贵之处在于完全出于自觉，因为她根本不知道我看见了这个行为。实际上，报到当天，我一直在用心观察、寻找，就是想找到身边的案例，向学生们传递正能量。我号召同学们都像她一样做有心人。我希望在今后漫长的班级生活中，能涌现越来越多这样的好人好事。

放学后，我给那位同学的家长发了很长的信息，表扬了孩子的良好表现，感谢家长为班级输送了这样一位好同学，同时也非常高兴能遇见这样高素质的家长（因为孩子的表现离不开家长的言传身教和榜样示范）。

充满感情的短信令家长惊喜，我想，家长一定会拿这条短信和孩子分享，让孩子再一次体会到信中所写的“愉快感觉和实实在在的回报”。

给这位家长发完短信后，我给全班学生的家长统一发了一条信息，号召全班同学向她学习。班级需要更多的有心人。

后来，好几个孩子给了我反馈，说那天他们也看见那个垃圾桶旁边的纸团了，心里也想着是不是应该捡一下，但是出于各种原因没有做，现在想来十分后悔。但是他们都表达了这样一个意愿：“今后再遇到这样的情况，自己就知道该怎么做了。”

我知道自己已经赢在了起跑线上，我在班级里倡导了一种价值观，即在我们的班级里，你做什么样的事、有什么样的行为，可以得到老师和同学的肯定和赞扬，可以体现自己的存在价值。这种价值观必将对孩子们今后的行为产生积极的影响。

（四）第一节班会——我在哪里，我们要去哪里

新接班的第一次班会很重要，相当于开学第一课。班主任首先需要告诉学生：自己在班级里应该怎么做、过去和现在有什么不同、未来指向何处。更重要的是，要让学生们把自己个人的目标与班级团队的发展目标结合起来。当然，这些问题不可能通过一次班会就解决。我的计划是在一个学期里组织一个系列班会课程，较为系统地解决学生进入高中后的基本教育问题。

系列班会不搞说教，它是将班级事务或要解决的具体问题与教育目标联系起来，做到“高起点、低落点”。比如，第一次班会课的主要内容虽然是班级工作的招标会，但我们并没有就事论事，而是融入了很多教育元素。

班会课的主题确定为“认识自己，融入集体”，课堂实录如下。

（用 PPT 打出班会主题“认识自己，融入集体”）

教师提问：我们已经进入高中了，大家说说我们应该怎样成为自己的主人？

同学们纷纷作答，我们要自我管理、自主学习、自我规划、自树形象……

教师小结：要有意识地自我成长。

教师引入：要自我成长，就先要正确认识自己、评价自己。

第一个环节：我是谁？

每个人在纸上写出自己的弱点或缺点（只写自己认为最主要的三条），再写出五条自己的优点或长处（写不出来的说明不够自信，要使劲想）。

请几位同学说说纸条上的内容。

（PPT 展示）

①我有一些缺点和弱点。

②没有一无是处的人，我也有一些过人之处。

③每个人都是独特的。

④每个人都是有价值的。

教师引导：人无完人，每个人都是有缺陷的，但每个人也都有独一无二的价值。正确认识和评价自己，不自卑也不盲目自信，是自我发展的前提。

第二个环节：我在哪里？

组织学生进行头脑风暴。“我在哪里”这个问题可以从多个不同的角度回答。我先举了一个例子：“我在我们班级教室里。”后面同学的回答不能与前一个人重复，答不出来的要站一会儿，哪位同学做出了精彩的回答，大家要用掌声鼓励。

至少有 12 个同学回答了这个问题，其中不乏精妙之语，分别从空间、时间、内心等不同维度来理解这一命题，充分发挥了他们的想象力。这个问题的设置也考验了学生们的智慧和现场反应能力，大家的回答引来阵阵掌声，甚是热闹。

教师设问：为什么要问大家这个问题？

因为正确认识自己，给自己定位，知道自己处在什么位置，才能给未来发展确立方向。

我们来到这个班级，就成了班级大家庭中的一分子，我们不仅要思考自己在哪里，还要思考现在班级在哪里。

第三个环节：我们的新班级怎么样？

教师提问：用一句话概括我们的班级。回答要求同前，不允许重复别人的话。

至少有10个人回答了这个问题，从不同的角度用一句话概括了对自己班级的总体印象，同样，也有很多精彩的回答引来热烈的掌声。

紧接着，我用一组图片和视频表达了我对班级的第一印象。这些图片和视频是我从军训到开学一周来给孩子们拍摄的大量影像资料中精选出来的。照片配上优美的音乐，深深打动了孩子们，也增强了他们对这个新组建班级的感情。

教师小结：这就是我们的班级，我们的团队，我们的新家庭。

第四个环节：我们要去哪里？

这是一个有关目标设定的问题。我举出了一些实例，说明有没有目标和一个人最后能否取得成功关系极大。如果我们知道自己现在在哪里，又知道自己要去哪里，那么，前进的步伐就是坚定的，信心就是充足的。

分小组讨论，代表发言。

教师小结：个人目标的实现主要依靠个人的奋斗，但是，没有任何一个人可以不依靠他人或团队的帮助取得成功。每个人都可能成为别人成长的帮手，我们也需要有人在关键时刻帮助自己。

第五个环节：我要为班级做什么？

一个班级要有生命力，也要有自己的目标。我们要让班级成为大家成长的沃土，身在其中的每一位同学都要为班级建设添砖加瓦，帮助班级实现整体的奋斗目标。这项工程要一点儿一点儿做。今天，我们先走好第一步。

(PPT 展示)

①我要做一个不给别人添麻烦的人。

②我一定可以为这个集体做点儿什么。

③我不可能让所有的人都喜欢我，但我可以善待他人。

④我要做最好的自己。

讨论：用实例说明什么叫作“给别人添麻烦”（征集到十人次以上的回答）。

不给别人添麻烦是底线，我们要以此为基本要求，争取做好自己的事。自己的事做好了，在客观上就是在帮助集体进步。

教师小结：我不是为别人而活着，但是，我要善待他人。善待了他人，就会赢得大家的喜爱和尊重。一个人有长处有短处，成功的秘诀不在于始终克服自己的短处，而在于无限放大自己的长处，要做最好的自己。从个人角度来说，是呈现自己最闪光的一面；从集体角度说，是以自己的一技之长为班级做事，为班级建设出力。这样，个人与个人之间、个人与集体之间的关系就是和谐的。

第六个环节：动员全体同学，为班级工作顺利开展打基础。

在这个环节中，我首先将班级已经有的工作安排做了介绍。班级工作安排很细致，不仅设置了岗位，还规定了岗位职责和检查要求，学生完成任务后还要签字。这些都是他们在过去的学校里没有经历过的。

接下来，宣布临时班委会名单。

我对临时班委说：“你们成为班干部，是集体对你们的信任，不必推辞也不必惶恐，相信自己可以做好。也请你们负起责任，为班级也为自己。你们要考虑清楚，当班干部意味着更多的付出。我们不搞干部终身制，如果工作不能令人满意，会有其他同学随时接替你的工作。”

最后，是工作招标动员。为了给更多的同学机会，班级一下子推出了几十个岗位，分别隶属于学习部、纪检部、卫生部、生活部、宣传部、活动组织部等九个部门，涵盖班级生活的各个方面。学生还可以自己申报工作岗位，以发挥自己的特长。

我号召同学们都积极行动起来，主动为班级分担事务。这样既帮助了他人，也实现了自己的价值。

班会课在掌声中结束。

一节安排班级工作的班会课如果仅仅是就事论事，就会索然无味，学生的热情就难以被调动。其实，每一节班会课都是一次很好的教育机会，无论多么简单的内容，只要用心思考，都一定可以找到好的教育素材。

二、主题活动：我能为班级做什么

主题活动“我能为班级做什么”创意源自美国前总统肯尼迪在就职演说中的名言：“不要问你的国家能为你做些什么，而要问你能为国家做些什么。”这项主题活动起始于新班组建的第一个学期，时间跨度长达大半个学期，使用了包括主题班会、案例点评、多元评价、主题演讲、主题征文等多种手段，参与对象包括班主任、全班学生以及家长。

开展这项活动的意图是培养大家对班级的感情，鼓励大家为集体做出力所能及的贡献。由于这段时间也是形成班风最重要的时期，所以活动本身也是班风建设的重要组成部分。我深信，每个人都有为班级做事的主观愿望，班主任要用心开发。

活动由问卷调查、意见采集、工作招标、案例点评、主题演讲、主题征文和表彰先进等几个相对独立又有密切关系的部分组成。我根据班级发展的实际情况渐次展开，构成一条完整的教育链。前文已经介绍了这项活动开始阶段的部分内容，下面主要介绍活动深入推进阶段的主题演讲和主题征文等活动。

（一）能为班级做什么，学生自己做主

开学初下发调查问卷“我能为班级做什么”，一方面是想了解学生的基本情况，为合理安排班级工作提供参考；另一方面，也是想促使学生对“我能为班级做什么”这一活动主题展开初步的思考。

问卷很快收了上来，我一边阅读，一边思考。

第一，班级工作应尽量与学生的特长相匹配，安排工作时应优先考虑

学生的志愿和兴趣。兴趣是最好的老师，要让学生尽量做他感兴趣的事。

第二，是否可以考虑为有特质的学生度身定制工作任务？（因人设岗）

不同班级的学生或多或少会有些差异，不变的是我们的追求——让班级成为学生成长的沃土，让每一个学生在班级里都能得到发展。通过问卷调查，加上谈话和观察，找到班级的某些共性和学生的特点，我分别为全班和个人设计了一些有特色的活动和岗位。设计这些活动和岗位的意义不仅仅在于让学生为班级做贡献，对学生的自我发展也大有好处。

班级的第一批工作岗位将参照这份问卷提供的信息进行安排，若没有对应的岗位，则采用招标的方式确定人选。在强调集体利益的同时，尊重每个人的选择权。

好的班级管理学生参与面大，好的机制可以充分调动人的积极性。

（二）能为班级做什么，老班也有份儿

开学三周后，为了将活动继续推进，我以“能为班级做什么，老班也有份儿”为题向全班发表了演讲。演讲抓住了一个很好的时机——在一节比较吵闹的自习课之后。那是开学后的第一次自习课，很多人一个暑假下来已经没了纪律意识。因为没有老师在，学生在教室里的讲话声比较大。虽然有值日班长和常务班长，但是管理的效果不佳。不过，从积极的角度来看，这倒为我提供了一个很好的教育素材。

“不要问班级能为你做什么，而要问你能为班级做什么。”我说，“班级会为大家提供最好的学习和生活条件，这一点毋庸置疑，但现在的关键问题是，我们有没有想过自己的责任——我能为班级做点儿什么。”

那节自习课我可以在教室里值班，如果我一直在教室，纪律自然会很好，但也就不能暴露问题，也就失去了教育的机会。

我对孩子们说，班级的进步，不靠规章制度，不靠奖励惩罚，而要依靠每一个人想要进步的愿望与行动……

我对孩子们说：“我能为班级做什么呢？我是你们的班主任，我会尽全力为大家提供一个好的环境，让大家安心读书、学习。我会努力把自己的

课上好。我会尽力帮助大家解决困难。我会拿我对学习和生活的感悟与大家分享，为大家的成长提供参考。我还是一个好听众，愿意倾听你的心声，帮助你解决问题……这些，就是我这个老班能做的。要想让大家把班级当作自己的家，班主任首先要把班级当作自己的家。就像有位同学在周记中写到我时的一句评价：‘老班简直就是把自己的家往教室里搬……’是的，我会经常为班级添置一些东西，每次拿来一件东西，生活委员总是习惯性地问我：‘多少钱？’我总是回答：‘不要钱，我放在班级里给大家用的。’有一次在我如此回答后，我听见底下有一个很小的声音传来：‘老班的工资高……’我本是一个非常喜欢开玩笑的人，但是对这个玩笑，我要严肃地告诉大家：‘这个与工资高低无关！’我给班级买东西不收钱，绝不是因为我有钱，而是因为我把班级当作自己的家。心意与钱无关，只要有心，贡献不分大小。

“所以，我在此发出倡议，希望每一位同学能经常问问自己：‘我还能为班级做点儿什么？’大家都这样想了，我们的班想不进步都难！”

半小时的演讲，孩子们都在静静地听。“我的倡议能给大家带来怎样的转变呢？”在同学们的掌声中我这样问自己，拭目以待吧。

（三）我能为班级做的，就是班级需要我做的

我知道，如果在价值观上不能和同学们达成共识，那么大家的行动依然会是被动、盲目的。

一段时间的教育之后，我发起了“我能为班级做什么”主题征文活动。同学们写得很好，显然是在体验后用心写了。

请看一篇文章。

班级是我们大家的，只有所有人共同努力，班级这个整体才会更好。那么，我们应该向哪里努力？我们能为班级做些什么？

其实，各人自扫门前雪，干好自己分内的事，一切自会变好。值日的人认真打扫自己的片区；课代表认真清点本子；同学们按时、按序交作

业；班委工作时尽心尽责，那么就不会有问题了。

但制度、规范总是会有无法覆盖的角落。如果大家这时仍“自扫门前雪”的话，那就不叫“做好分内的事”，而叫“事不关己，高高挂起”了！所以，我们应当更具责任心，认识到“这是我的班级”。

不需要人反复强调，如果一个人在不“属于”他的片区内捡起一片垃圾的话，周围看到的人慢慢也会这样，时间和环境能打磨人心。我能为班级做的，不仅是“自扫门前雪”，还有培养自己的责任心。

这篇文章一针见血地指出，班级精细化管理并非最高境界，教育真正的成功是提升了每个人的责任心。再精细的管理也都会有疏漏之处，如果我们只追求管理的精细化却忽视了对人们责任心的培养，那么就有可能助长自私自利的思想，这就与我们的教育初衷完全背道而驰了。学生对这一点理解得非常透彻。

从小到大，“我能为谁做什么”这种问题很少被提及，仿佛一直以来都是“为自己”——“为自己学习”“为自己争荣誉”“为自己努力”。

也许我只能给班级提供一个安静的环境。轻轻踏入班级大门，桌椅轻拿轻放，下课时与同学小声交流……

也许我只能为班级提供一个积极向上的态度。错了以后勇于承认，下不为例；纵使跑步落在最后，也不自暴自弃，而要继续向前冲。

也许我只能为班级做一个小小的课代表，及时收齐、分发作业本。大方询问，谦逊有礼，与同学友好相处。

也许我只能为班级提供微薄的帮助：捡起纸屑，除去心中污点；打开窗户，迎接晨曦；认真值日，创造和谐氛围。

这些既是为集体，也是为个人……

一位普通的课代表，运动会 100 米赛跑只取得小组最后一名的一名女生写下的上面这段话，令我肃然起敬。是的，我们过去真的忽视了对孩子们公益心的培养，其实他们真的不缺少责任感，也不是天生就自私、冷漠。

教育的意义在于唤醒与点燃。给他们以启示，让他们把自己的想法写出来，遵从内心的选择，做有利于他人和自己的事，不就是教育工作者应该做的事吗？

从孩子们的回答中，我体会到了前所未有的教育成功感。我觉得自己做了一件十分有意义的事。而下面这段话给我带来的冲击最大，不是因为文字有多么优美，而是文章的作者是班级里很调皮、成绩非常不理想的学生。在通常的评价体系中，他是差生、问题生、学困生，但是，就是这样一位学生，却写出了这样的话。

个人是小我，班级是大我，每个人都做好小我，才能成就大我。

我会吃饭，会睡觉，会打游戏，我能给班级做点儿什么呢？也许，不一定能做什么，但一定不能做什么。

会吃饭，我有嘴，我要克制自己的嘴，不在上课时与同学私下开小会。

会睡觉，我有眼睛，我要克制自己的眼，考试时不东张西望。

会打游戏，我有双手，我要克制自己的手，不乱涂乱画，要画就去出黑板报。

权利与义务是统一的。班级为我带来许许多多、各种各样的权利，我也有责任为班级尽义务。班级需要我时，我定义不容辞；班级有困难时，我定勇挑重担。

我欣赏着孩子们的作文，也欣赏着他们的成长、成熟，欣赏着教育之美。

尽管班级的多元评价体系能捕捉每一个人的闪光点并予以认定和表彰，但大家如果只是冲着奖赏才为班级、为他人做好事的，意义就有限了。善举的意义在于过程，在于使内心充盈。付出本身是幸福的。让学生明白这些做人的道理，才是我们开展这项活动的真正目的。只有学生自己想通了，才能自觉地付诸行动。大家都自觉行动了，班级的进步就是水到渠成的事。

三、团队意识培养的硕果

我非常欣喜地看到，随着“我能为班级做什么”主题活动的深入开展，面向集体的教育和学生的自我教育取得了非常好的效果。班风正，学生的精神面貌好，整个团队焕发出青春的朝气。

越来越多的人树立起“班级是我家”的理念。为自己的家做点儿什么，还需要什么规定和要求吗？虽然班级里有健全的规章制度，工作有明确的分工，但是，这一切都比不上同学们积极主动地为班级做事，每个学生都有所担当。学生轮流担任“一日班长”，每个人都尽其所能为班级工作；不是课代表，却主动帮助课代表整理作业；若哪个人因故没有扫地，会有人默默地拿起扫帚；每天都会有人把当天的课表整齐地抄写在黑板的左侧，以便同学们做好课前准备……这些，都不是我要求的，但是都有人做了。

我经常收到学生关于班级管理的意见和建议，而且我的设想总能在班级里得以实现，因为大家把我的话听进去了。所以，我经常巧妙暗示，也时常收获惊喜。

开学没几天，我发现老师写板书用的几只水笔散落在讲台上，于是做喃喃自语状：要是讲台上有个笔筒可以收纳这些笔就好了……

第二天，一个笔筒就出现在讲台上了，水笔已经全部安家了。问是谁带来的，有人告诉我是小邵带的，大家鼓掌表示感谢。

之后，我又发现教室里电脑的鼠标垫已经破旧不堪，几乎不能用了(这是上一个班留下来的)，于是我双手合十做祈祷状：“我希望，明天能有个鼠标垫出现在讲台上。”众人听了大笑。

第二天，讲台上出现了两块鼠标垫，分别是小江和伟康同学带来的，这下连备用的都有了。我大力表扬了这两位同学，并且告诉大家，班级里每个人的主动性和积极性是不一样的，但是，只要有热心人，哪怕不多，班级照样会生机勃勃。如果我一祈祷，第二天便出现几十块鼠标垫就麻烦了。但是，你家若有富余的鼠标垫，带一块过来；我家若有富余的笔筒，带一个过来，班级不就不缺东西了吗？有道是“众人拾柴火焰高”，班级建设靠大家。

其实，无论是笔筒还是鼠标垫，我都不缺，随时可以拿出来。但这是我留给学生们的无形的考卷。我想看看，大家是不是都像我一样，把班级当作自己的家。结果我收到了一份份满分的答卷。

在我演讲后的第二天早晨，我的办公桌上赫然出现了一封信。打开一看，满满一页纸，写的都是对班级管理的建议，有很多想法居然和我多年来的研究成果不谋而合。真是个天才的管理者，也是个热心于班级事务的好同学。我认真地给他回了信，有些建议我已经准备采纳。

每到周一，因为要交的作业非常多，交作业的模式还没有完全成熟，班级一度出现了一些混乱。第一节课下课后，学习委员昊伟就来找我，说他和班长已经商量过了，要改进交作业的办法，不能再出现这种混乱的状况。中午，昊伟对全班同学说明了情况，并且请求大家共同努力，提高交作业的速度。他的演讲赢来了一阵掌声。午休时，我又收到小章同学的一封信，信中详细说明了他对交作业方式的理解，并提出了具体的改进措施。这封信显然不是在昊伟演讲完才写的，更不是因为我有所暗示。事实上，那一天我在班上什么话都没有说，只是皱着眉头。这封信让我很感动。大家的优异表现让我感到骄傲，我坚信班级会变得越来越好！

第五章

怎样让学生愿意接受你的教育

班主任和学生的交流大部分是通过对话（语言）进行的。对话的质量，直接影响师生关系和教育效果。不同的班主任沟通能力的差别是巨大的，有的老师似乎天生就会和学生打交道，既有亲和力，又有一定的谈话技巧，说出的话让人感觉很温暖、舒服，学生很容易听进去；而有的老师明明是想帮助学生，但是三句话就能把人说得跳起来，好心被完全曲解，不仅没有达到教育效果，反而让师生之间的误会、隔阂变得更深。

言为心声，对话不仅是语言的交流，更是心灵的碰撞。在谈话的过程中，对话双方都进行着丰富的心理活动，时而和谐，时而交锋；时而坦诚相见，时而拉起心理警戒线……班主任都特别希望在和学生的交谈中能取得主动权，获得好的效果。因此，熟知并运用一些与沟通有关的心理效应就显得很有必要。

心理效应是社会生活当中较常见的心理现象和规律，是某个人或事物的行为或作用引起其他人或事物产生相应变化的因果反应或连锁反应。很多班主任在和学生的谈话中都曾运用过一些心理效应，并且取得过很好的效果，但这种行为大多是在经验或感觉的驱使下发生的，缺少理论的指导和理性的思考，知其然不知其所以然，甚至有人认为这里面没有规律可循，难以复制。其实不然，任何偶然成功的案例背后都有其必然成功的背景或缘由。心理学之所以成为一门科学，就是因为大量的心理问题其实是有其明确的规律的。如果我们能对曾经取得成功的精彩案例做一些理性的整理和反思，之后有意识地把这些心理效应用在与学生的谈话中，将有助于我们取得最佳的沟通效果。以下我选出与沟通关系较为密切的 14 种心理效应，结合一些案例，逐一加以分析。

一、润物细无声

（一）多用“我们”——自己人效应

所谓“自己人”，是指把自己和对方归于同一类型的人。“自己人效应”是指听者对“自己人”所说的话更信赖，更容易接受。

班主任在和学生谈话时（无论是个别谈心还是在全班讲话），有时候会不自觉地把学生和教师用人称加以区别，特别是在说到一些不良现象时，习惯于说“你们怎么会这样……”“我要求你们……”。这样的说法可能是下意识的，但是学生听了之后感觉很不好，仿佛学生和教师是对立的双方。因此，在与学生说话时，班主任要经常提醒自己：多用“我们”，少用或不用“你们”，实在需要特指学生时，也尽量改用“大家”这样委婉的称呼。

“自己人”，就是利益一致，志趣相投，不分彼此了。师生之间建立了“自己人”的信任关系，教育效果会大大提升，因为“亲其师”才能“信其道”。

所谓“自己人”，关键是要让学生感觉到老师和他是自己人，而不是教师一厢情愿地认为自己和学生是自己人。要做到这一点，需要注意以下几个细节。

第一，要把师生平等的观念落到实处。人格上的平等才是真正意义上的平等。师生之间要想沟通顺畅，贵在真诚、平等。教师不要居高临下，认为自己永远比学生高出一大截。要尊重学生的思想，尊重学生表达不同意见的权利。比如，某个学生对现在的教育现状、考试制度表达了强烈的不满，班主任在和他交流时，并不需要立即反驳学生的话。首先要站在学生的角度去分析，他的话中肯定有有道理的地方。教师对有争议的问题不一定要求学生非听教师的不可，而是要和学生讨论。如果无法统一观点，可以暂时搁置，以后再谈，不要硬要学生听从。

第二，要善于寻找和学生的共同语言。教师和学生谈话，不仅仅是对学生施以帮教，还有大量很生活化的交流。这些交流，可以增进师生感情，维系师生之间良好的关系。良好的关系有助于教育问题的解决。学生在老师的帮助下取得了进步，可以巩固师生关系，这样就实现了良性循环。人与人之间良好关系的建立需要具备一些基础，也就是要找到一些共同点——共同的志向、兴趣、爱好，甚至是一些巧合，让人产生“有缘”的感觉。人与人之间的共同点其实是很多的，要想找到一些联系绝非难事，关键是要用心去寻找。这些共同点就是师生加深交往的基础。

第三，要学会对学生的事“感兴趣”。学生如果认为教师和自己有“代沟”，就很难产生“自己人”的感觉。对学生感兴趣，其实就是对自己从事的工作感兴趣，对人的心灵世界充满好奇心。这些既是班主任战胜职业倦怠感的有力武器，也是博得学生信任的很有效的办法。所以，要对学生说的话——即使是教师认为不重要的话——表示出明显的兴趣。

第四，试着使用一些改善人际关系的小技巧。比如，适当改变一下对学生的称呼；在了解学生脾气的前提下使用一些肢体动作，比如拍肩膀、摸头发、握手、拥抱；在学生的一些重要的日子（如生日），给学生制造一点儿惊喜，等等。

一旦师生成为“自己人”，老师说话学生就容易听得进去，教育工作的阻力就会减到最小。不过，这里也存在一个问题，即对师生之间距离的把握。正常而良好的师生关系并不是要亲密无间，而是要保持一种稳定的平衡关系。师生走得太近，也不一定有利于教育管理。所以，有文章指出，如果师生之间的友谊成了教育的障碍，你就逾越了边界。比方说，如果你跟部分学生的友谊被其他学生视为偏爱、偏袒，那就会影响你和学生的关系。再比如说，有的年轻班主任和学生走得过近，甚至以哥们儿相称，最后学生不拿教师当回事，班主任失去了对班级的掌控，导致秩序混乱。此时再去调整师生关系，很可能会走向另一个极端——学生误以为教师在装模作样，对教师的批评教育怀恨在心。调控师生距离的主导应该是教师，教师必须把握好分寸，以免为“自己人”所累、所误。通过以下几个例句，我们可以对班主任如何与学生建立“自己人”的信任关系有所了解。

下面是最容易让学生产生“自己人”感觉的例句。

①好孩子，你是我的骄傲！

②你喜欢 ×× （某歌星或某作家的名字）？真巧，我也很喜欢……

③我们居然是同一个星座的……

④你真像我女儿（儿子）……

⑤我们一起来渡过这个难关……

（二）以心换心——角色置换效应

在社会心理学中，人们把交往双方的角色在心理上加以置换从而产生的心理效应现象，称为角色置换效应。

在生活中，每一个人都扮演着不同的社会角色，但在具体交往时一般总是呈现出某个特定的角色。在社会交往中，人们习惯于从自己的角色出发来看待他人的态度与行为，这种自我中心式的思维方式往往会引发角色冲突。如果大家都能站在对方的角度去思考一下，那么，许多冲突、矛盾就可以迎刃而解，这就是角色置换效应的积极作用。

在师生沟通中，不仅教师要常做换位思考，还要把这种思维方式传递给学生，提高学生的情商。如果学生也能理解老师，那么教师的工作就好做多了。当然，这一点不容易做到，更多的时候还是需要教师理解学生。不过，这是教师的努力方向之一。教师与学生长期相处，有意引导，学生耳濡目染，受教师影响，也逐渐学会理解他人，学会宽容，学会分享。这对学生的终生成长和发展是大有益处的。

下面是角色置换效应的典型例句。

①我也是从你这么大过来的，我很理解你。

②换了是我也可能会那样做的。

③我也曾经有过和你一样的烦恼。

④如果你是老师，你会怎么做呢？

（三）没有白说的废话——调味品效应

仔细观察一下我们就会发现，每个人每天说的话，绝大部分是可有可无的“废话”，但是，如果拿走了这些“废话”，只说非说不可的话，那生活很可能就毫无乐趣可言了。适量的“废话”，其实是人际交往中很好的润滑剂，也有人把它称为“调味品”。调味品虽然不是主食，但少了它，再好的食材也会寡淡无味。好的调味品可以使主菜变得更加美味，让食者在吸收营养的同时，也享受食用的过程。人际交往心理学把看似废话的“调味品”起到的增加人们心理交融作用的现象，称为“调味品效应”。

班主任善用调味品效应，就可以让谈话在很融洽、轻松的气氛中进行，使学生更容易接受老师的教育。

谈话伊始，不必板着脸，直奔主题，否则容易让学生在瞬间修筑起心理防线。先说几句“废话”吧，谈谈最近有什么新鲜事，身体如何、心情如何……再渐渐进入主题。这些“调味品”不是谈话的主题，也就不会引发矛盾和冲突，学生的心情在这样看似闲聊的对话中可以得到放松，后续的谈话就相对容易进行。

调味品效应在师生对话、家校沟通中主要有两方面的作用。

第一，缓解紧张气氛，打破谈话僵局。

第二，“调味品”本身蕴含了教育素材，看似和谈话主题关系不大，但可以由此及彼巧妙地实现迁移，最终让学生明白教师的弦外之音。这种方法在使用时需要教师的智慧，也就是“看似随意，其实刻意”，把学生不知不觉地引入设定的教育情境。

下面是运用调味品效应的一个典型案例。

【案例 5-1】三个“一”

一些年轻老师和家长打交道时缺乏人际交往的经验，往往会出现不和谐、不愉快的情形。在一次班主任培训会上，我简单谈了一下自己和家长沟通时的三件法宝。我说，这三件法宝用好了，保证你的家长不会和你红脸。这三件法宝，可以用三个“一”来描述。

第一个“一”——一把椅子

一把椅子，体现尊重。家长造访，不管为什么而来，老师首先要请家长坐下说话，体现起码的尊重。如果教师手头还有事，要和家长打个招呼，先把家长安顿好，再继续处理。绝不能老师坐着，让家长站着说话。如果手边实在没有多余的板凳或椅子，那就站起身来和家长说话。

第二个“一”——一杯热水

一杯热水，表达关心。办公桌里常备一次性杯子，来了客人可以给他倒杯水。家长也是客人。给家长倒水，家长一般都会拒绝，但是我们要坚持，我曾半开玩笑地说：就是冲这一杯热水，家长也不好意思对我发火啊！

第三个“一”——一句寒暄

一句寒暄，传递温暖。不管你多生孩子的气，不管家长的素质如何，家长来了，你都要先打个招呼问个好，该有的礼仪还是要有的。开始和家长谈话时，一般不要直奔主题，而是先寒暄几句：怎么样，最近还好吗？还是那么忙吗？气色不错啊！这些“废话”既可以拉近你和家长的距离，也可以缓解家长的紧张和不安。一声问候，让人备感温暖。

很多老师都觉得，现在不仅学生难教，家长也越来越难缠。对此，我深有体会。但是我们想过没有，家长也是各有各的问题和苦衷。人的情绪和精神是可以互相感染的，有的家长素质不高，我们可以为这样的家长创设一个文明礼貌的情境，让他的素质在一个良好的氛围中得到暂时的提升。如果教师把上述三件事做到位了，我不相信还会有许多家长“素质低下”。我们教学生懂礼，自己要先懂礼。这不是大道理，而是待人接物的一般常识。

（四）“数学老师说你很棒！”——第三人效应

心理学上把通过第三人佯作无意间转述他人的某种意见，或创造某种条件让对方间接地听到你对他的评价与关注，从而产生意想不到的传播效果或劝说效果的现象，称为“第三人效应”。

这种迂回战术在师生交往中非常有用。一般来说，第三人效应有以下两种呈现方式。

第一种做法：说话者（第一人）转述第三人的话，以增强说服力。

【案例 5–2】数学老师说你很棒!

我的一个学生因为思想上的波动，一度对学习失去了兴趣，成绩直线下降。经过我反复做工作，他终于决定迎头赶上。但是，因为长期懈怠，功课落下了很多，即使努力，一时也很难补上。他非常苦恼，而且开始失去信心。我的正面鼓励对他来说也已经有些“审美疲劳”。正当我发愁的时候，和数学老师的一次闲聊给了我很好的提示。在我们谈到班级情况时，数学老师无意间说了一句：“××（指上面说的那个学生）最近好像很用功啊，而且成绩也进步了不少。”在接下来和这个同学的谈话中，我就引用了数学老师的话，还略带夸张：“数学老师说你很棒啊！最近你的数学成绩突飞猛进。听了数学老师的这番话，我自己也受到很大鼓舞呢！”

我一边说话一边观察他，发现在我说出了数学老师对他的评价后，他的眼睛里放出了光彩。我知道第三人效应起作用了，于是顺势又鼓励了他一番。

这次谈话虽然只在我和那个学生两人之间进行，但是我分明感觉到我和另一个老师形成了合力，教育效果明显增强。这个学生后来在数学学习上表现出更加努力的状态也证明了这一点。随着数学成绩的提升，其他学科的状况亦开始好转，一个学期后他进入了班级优等生的行列，找回了自己原有的位置。

第二种做法：自己（第一人）不出面，而让第三人和第二人谈话，由第三人转述第一人对第二人的看法，或者创设条件假借第三人的话表达第一人的意思。这种做法在师生间有一些敏感问题或处理师生矛盾时最能发挥作用。

【案例 5–3】善待

主题班会“善待”正在进行中。

进入第三个板块了，这应该是这节班会课的高潮部分。经过前期的案例讨论与分析，学生似乎有所感悟。此时，班主任话锋一转，将班会讨论的社会热点问题——老人在路边摔倒，该不该扶——一下子转移到了学生的日常学习和生活中："我们是否善待了身边的人？善待他人，就是善待自己。"接下来的两个小品，再现了学生平时不负责任的行为和取笑他人残疾的恶作剧。小演员表演得像模像样，学生们发出了略感沉重的笑声。

此时，主持人借题发挥，对全场同学说道："好熟悉的感觉，似曾相识的情景！它曾经发生在你身上，让你感到不悦了吗？或者，你看到过它们发生吗？又或者，你曾经做过这些事情吗？或许，我们都曾扮演过'被害者''旁观者''伤害者'的角色，此刻，就让我们来听听他们的内心独白。"

紧接着，主持人开始播放事先准备好的录音。这些声音有来自同学的，有来自老师的，历数了他们曾经亲身经历过的不被人"善待"的情景。他们并没有指向具体的人，但是，这些"第三者"的心声，已经震撼了在场每一个班会参与者的心灵。

其中，一位怀孕的任课教师说道："我在怀孕的这段日子里，得到家人、同事、学生的很多关心和照顾，学生看见我会说'老师您慢点儿走'，听着很贴心。但也有学生说：'嘿，老师摔一跤，宝宝就没了。'还有个学生手拿粉笔头说：'我把粉笔头砸在老师肚皮上，宝宝就没了。'这些话让我很长一段时间处于焦虑之中，连续做噩梦，总梦到有学生恶意伤害我的宝宝。这两个男生还比较小，不懂事，不懂得母亲怀胎十月的辛苦。但是，他们应该懂得，这种恶意的玩笑话会给别人带来伤害。这件事情已经过去一段时间了，我的心情也已慢慢平复，我原谅了他们。但是我希望通过这件事，让他们懂得善待别人，在别人需要帮助的时候，能够伸出援手，在说话、做事之前能够先考虑一下，让自己更加成熟、稳重一些。"

这番话让每一位同学都陷入了沉思……班主任为了让学生改掉欺负弱者的不良行为，煞费苦心地设计了这个环节，借助第三者的声音达到了预期的教育效果。在随后进行的第四个板块"书写感恩和谢意"中，同学们在便签纸上纷纷向曾经伤害过的人表达歉意，向曾经帮助过自己的人表示感恩。那些五颜六色的小纸条贴满了红色爱心形状的展板，这感人的场景已经说明了一切。

这就是第三人效应的妙用。

当然，第三人效应不是万能的，影响第三人效应发挥的因素有很多，并非只要第三人说话，效果就一定好。若把握不当，不仅效果不好，甚至还可能产生负面效果。教师在运用第三人效应时，要注意以下几点。

1. 慎选第三人

学生（第二人）和第三人的关系要良好，否则，第三人说话的可信度就比较低了。

2. 考虑学生的个性

如果学生的性格比较独立，个性较强，平时不愿听取别人的意见，那么第三人的作用就会大打折扣。

3. 注意沟通方式的多样性

不要在一个学生身上反复使用第三人效应。如果听多了第三人的话，学生就会变得敏感、警觉，会加重对第三人信息的过滤，第三人效应的作用也就会降低甚至失去。

4. 注意信息的真实性

如果第三人的话是无中生有，一旦“穿帮”，无论是第一人还是第三人，学生对他的信任度都将大打折扣。

（五）边吃边聊——可口可乐效应

心理学家曾经做过一项实验，他们试图用一些广告信息说服被试，给其中一部分人附加一瓶可口可乐，而另外一部分人什么也不给。虽然可口可乐和那些信息本身没有任何联系，但结果是得到可乐的被试往往比没有得到的要受到更大的影响。这就是有趣的“可口可乐效应”。

可口可乐效应发生的机理，也许是因为给一瓶可乐相当于一种积极的肯定，被试会不自觉地把这种奖赏和说服性的信息联系起来。在接受说服的时候有一瓶可口可乐，等于对说服的内容予以了正面强化，效果要比什么表示都没有要好。也许给予可乐增加了说服的力度，它传递了一种隐含的信息，即如果你一边喝着我给你的可乐，一边却在反对我的观点，就会产生心理不协调。不管怎么说，可口可乐效应确实存在。很多教师都在无意中运用过可口可乐效应，最常见的就是用一些小奖品鼓励那些好的行为。奖品和行为（比如取得好成绩）本身没有直接联系，但因为这两件事是相伴发生的，所以容易使学生产生联想，这对好行为会起到正强化作用。

什么可以充当“可口可乐”？在劝说或教育学生的时候，给学生一个微笑、一个肯定的手势……别只顾自己埋头说话。在办公室里准备一些一次性水杯和小点心，和学生谈话时，不妨给学生倒杯水，或看似随意地拿出一块糖果，给学生一份惊喜。这样既能消除谈话时的紧张气氛，同时也让学生更容易接受你的教育。外出旅游时，给学生捎带买一点儿当地的特产或小纪念品，不一定很正式，而是“无意”间在合适的场合递给学生。教师和学生谈话的场合是多种多样的，可以根据具体的情境选择合适的“可口可乐”。比如，天气炎热时，可以买点儿冷饮，和学生边吃边聊；天气寒冷时，给学生一杯热奶茶也是很不错的……

运用可口可乐效需要注意两点。

第一，“可口可乐”一定要适合学生的需求，“可口可乐”与学生的需求越匹配，教育效果越好。

第二，“可口可乐”只能作为一种辅助措施，谈话的主题和内容依然是最重要的，切不可舍本逐末。也不要让学生形成一种思维定式，认为只要谈话就一定有“可口可乐”。偶一为之，效果不错；次数多了，效果就会大打折扣。

下面是可口可乐效应的几个典型例句。

①来，先坐下，喝杯水……

②天太热了，我们去买个冷饮，边吃边聊。

③老师知道你喜欢收集火花，这是我出差时从外地给你带的一套火花。你先放好，我们来谈谈……

二、沟通，从倾听开始

（六）做一个真诚的倾听者——格林斯潘效应

与人对话时，我们会观察到听者常常有两种不同的表现。一种是冷冷地听，没有任何表情或回应。这会让说话的人怀疑对方是不是在听，对方是不是对自己的话毫无兴趣。这样的情况持续一段时间，说话者就会感觉这是在自说自话，也就没有兴致继续往下说了。另一种情形是，一方说话时，另一方不断地与之互动，做出各种表示感兴趣的表情或动作，还时不时地发出“嗯、嗯”或者“哦”之类的声音。这样的声音并不会打断另一方说话，反而会让说话的人感觉自己的话对方都听进去了，而且很感兴趣。说话者受到这样的暗示或激励，也会以更好的发言来回报如此忠实的听众。人们把后者这种现象称为“格林斯潘效应”（该效应是以心理学家格林斯潘的名字命名的）。格林斯潘用 1 年时间做过一项研究：如果对具体的语言回答，实验者用“嗯、嗯”等反应，被试者的语言行为会受到明显影响。事实上，不仅仅是“嗯”的声音，其他很多方式，如行为举止、语调风格、言语方式等，都会对对方产生影响，产生格林斯潘效应。

格林斯潘效应给我们的启示是，教师一定要成为一名合格的听众。尊重是相互的，格林斯潘效应其实是用简洁的方式表达对说话者的尊重。只有尊重了对方，轮到自己说话时，才能得到对方的尊重。

教师和学生，一个是成年人，阅历丰富，有权威；一个是未成年人，涉世未深，没有权威。这容易造成教师在学生面前有优越感，从而对学生说的话比较轻视，在学生说话时毫无反应。很多教师只会扮演发号施令的角色，和学生的“谈话”是以自己说为主，几乎不给学生留表达自己思想的机会。偶尔让学生说话，还没有等学生说上几句就急于打断，之后继续长篇说教，似乎学生的话只是教师两大段说教之间的过渡。

说一个“嗯”字，点一下头，其实很容易做到。但是，做与不做，差别很大。所以，在学生和你说话时，请别忘了看着对方，并不时地做出回应。这对于融洽师生关系、提升师生对话效果十分重要。

（七）“是的，是的，可是……”——可是效应

班主任和学生的谈话很多情况下不是对话，而是“宣讲”——班主任只顾滔滔不绝地向学生灌输道理，不顾及学生的感受。在上文中我们已经谈到，班主任首先要做一个真诚的倾听者，要让学生多说话。学生在说话时会传递很多信息，也会表达自己的内心感受和诉求。在了解了学生的信息之后，教师的教育就有的放矢了。

当然，学生的观点未必都正确，有些甚至正是教师要批评的。若教师的观点和学生的观点发生冲突，究竟该以什么方式协调呢？教师如何让学生听得进去呢？“可是效应”也许能帮得上忙。

“可是效应”是指当我们试图让对方改变观点或接受自己的观点时，对对方的观点先采取“是”的态度（肯定），后采取“可是”的态度，对方就比较容易接受己方意见的现象。

在谈话中，无论学生说什么，教师都不要立即下结论或者简单否定，而是以“是，是……”回应。这样做首先是对学生表达思想的权利的尊重，保护了学生的自尊心。其实，这个“是”可以有多重理解，不一定就是赞同，也有“你说的我知道了”这样的含义，但让人听上去很舒服，还会产生一种对方已让步的感觉。

学生表达了自己的观点后，班主任在不失时机地点头称是的同时，以“可是”转折，发表自己的观点。这样一来，学生就不好意思不接受老师的意见了。因为尊重是相互的，老师首先尊重了学生，学生焉能不给老师面子？如果学生说的话，老师都以“是的，是的”回应，那么在老师说话的时候，学生怎么可能断然否定？如果学生那样做，无疑在表明自己只能听得进好话，听不得半点儿批评。谁也不愿意给人留下这样不好的印象。所以，即使仅仅是出于对教师尊重自己的回报，学生也会认真听老师说话。“可是效应”说到底，就是一种互惠的心理——你对我理解、宽容，我也会以同样的方式回报你。

当教师对学生进行批评教育时，“可是效应”能发挥重要作用。教师首先要让学生说话，不要急于否定，在获取信息、了解学生的心态后，再说

“可是”，做到因势利导。

运用“可是效应”时，教师需要注意三点。

①理解。典型例句：“你说的我都听懂了。”

②同情。典型例句：“你也够倒霉的。这件事不能都怪你。”

③态度温和。典型例句：“我建议你不妨这样……”

（八）“有什么你就冲着我来吧”——安全阀效应

在组织行为学中，人们把将不同观点、情绪加以宣泄并使心理获得平衡以致有利于组织内部矛盾、冲突的缓和与解决，有利于身心健康的现象，称为“安全阀效应”。

我们都知道，人有了压力就需要释放，否则就会“生病”。在班级管理中不设置安全阀是不安全的。有些班级管理十分严格，制度没有弹性空间，导致气氛压抑，人人自危。看上去常规良好，但内部压力越来越大，一旦有了突破口导致爆发，后果通常会很严重。就学生个体而言，他承受的成绩、升学、思想上的压力也很大。教师与学生交流，不仅有教育的任务，还要对学生进行心理疏导。让学生的压力有一个宣泄的渠道，有利于提振学生的士气，使其以更好的状态和精神面貌投入到学习、生活中。

有时候和学生谈话，学生会陷入长久的沉默。其实，学生不是没有话说，而是因为种种顾虑，忍着不说。当教师观察到学生欲言又止的神态时，不妨先暂停，耐心疏导，不要急于对学生灌输道理，因为此时学生心里憋着一口气或者一肚子话，在他还没有发泄出来之前，心里是装不下任何外加的道理的。教师需要等待，积极地等待，用各种方式引导学生，安抚学生。学生欲言又止往往是因为有委屈或者有难言之隐，教师需要以长者的胸襟和宽容的姿态引导学生释放压力。

应用一些宽慰的语言减轻学生的心理压力，解除学生的后顾之忧。一旦学生开了口，就要用各种方式鼓励他说完、说清楚。让学生宣泄一番，他发泄完了，心理压力也就得到了释放。此时再进行下一步沟通，效果就会好很多。

不过，我们也需要注意以下几点。

第一，让学生说出心里话是为了释放学生的压力，班主任要注意保护学生的隐私，成为学生可以信赖的人。不要拿学生的事作为谈资，要替学生守住秘密，这样还能发挥“自己人效应”。

第二，发泄情绪要适度，方式、程度和次数都需要控制好，要教给学生正确的缓解压力的方法。对学生不正确的发泄方式，如破坏公物、危及自身或他人安全、败坏集体荣誉等行为，必须坚决制止。同时，应加强心理健康教育，充分利用学校的资源，如心理咨询师、心理辅导老师，帮助学生迈过心理上的坎。

第三，在班级里设置一定的渠道，类似于沟通、交流热线，这样学生可以及时和班主任或者心理老师交流。班主任可以向学生公开自己的电话、邮箱、QQ 号（可以专门为学生注册一个），还可以让学生写日记、周记，或者和学生进行微信交流、书面交流。总之，除了当面谈话之外，沟通的方式一定要多种多样。

第四，开展班级活动以缓解学生的压力。压力积累到一定程度一定要让它释放出来，开展活动是最好的减压方式。

下面是“安全阀效应”的几个典型例句。

①有什么话对老师说，没关系，老师会帮你想办法的。

②老师是值得你信任的，我一定会为你保密，请放心地说出来。

③老师知道你心里有话，不要有顾虑，说出来吧，说出来会好受些。你是个学生，让你一个人承受这些压力是不公平的，让我们一起来想办法。

三、褒贬得当，循序渐进

（九）褒贬适度最和谐——黄金分割效应

黄金分割是大自然的神秘规律，在大量的场合，包括做教育时，均可应用。古希腊的毕达哥拉斯大胆断言：一条线段的某一部分与另一部分之比，如果正好等于另一部分同整个线段的比，即 0.618，那么这样的比例会给人一种美感。后来，这种黄金比一直成为审美心理学的基本原理。

师生谈话中的黄金分割效应，通俗点讲，就是褒贬适度。黄金分割效应对教师的启示如下。第一，如果是以教师为主导的师生谈话，那么师生说话的比例用黄金分割比例最合适，即 6 ∶ 4 左右。教师不能一言堂，学生说话必须占一定的比例，这样师生才能很好地互动。

第二，按照黄金分割的比例，在一次谈话中，批评和表扬的比例为 4 ∶ 6 最合适。如果你要进行一次以批评教育为目的的谈话，批评的内容也不能超过 60%，另外 40% 应是肯定、鼓励和希望。把六成的批评用四成的鼓励串联起来，学生就不易产生逆反情绪。

那么，在谈话中，鼓励、肯定与批评、希望以什么顺序展开呢？下面我们介绍两种常见的谈话策略——阿伦森效应和三明治效应。

（十）先抑后扬，渐入佳境——阿伦森效应

在人际交往中，人们往往更喜欢对自己先持批评态度后持肯定态度的人，而不是一直都持肯定态度的人。换句话说，人们最喜欢那些对自己的喜欢、奖励、赞扬不断增加的人，最不喜欢相反的情况。这种现象被称为“阿伦森效应”。

和学生谈话时，教师先“把丑话说在前头”，学生心里必然紧张、焦虑，担心老师对自己的印象不好。随着谈话的进行，褒奖的成分开始增加，学生的心情也随之变得晴朗。如此一来，学生不仅不会忘记老师指出的问题，还会对老师心存感激，因为老师并没有因他的错误而将其一棍子打死。一般来说，越是最近发生的事情人们的印象越深刻，所以，谈话的后半段，甚至就是最后一句，为整个谈话定了调子。如果是以鼓励与肯定的态度结尾的，对学生的激励作用就大。如果再来一个“可是效应”，对学生说：“不过，你还是要付出很多努力哦。”这样的谈话，往往效果最佳。

另外，学生对老师提出一些要求时，老师可不必立即就答应，这样会

让学生觉得“得来全不费工夫”，反而不当回事。老师可以先予以拒绝并指出存在的困难，在和学生进行一番拉锯战式的“讨价还价”后再“勉强答应”，并可就此约法三章。这样学生会更加珍惜机会，更加努力上进。这也是阿伦森效应的一种应用。

（十一）让批评听上去很美好——三明治效应

所谓三明治效应，就是把批评的内容夹在两个表扬（或肯定）内容中进行。运用三明治效应可以使被批评者愉快地接受批评。

现在我们一起来品尝这块美味的“三明治”。

第一层：认同、赏识，肯定学生的优点或积极的一面。教师事先要收集学生的优点，思考一下开场白，让谈话在轻松愉快的氛围中开始。人总是喜欢听好话的，所以第一层若很“美味”，可以消除学生心理上的焦虑和防卫心理，让气氛变得融洽，心情也得以放松。如果一开始就语气严厉地批评学生，学生就会立即在心里筑起一道防线来保护自己，很难再听得进批评意见了，哪怕老师的批评是对的。吃完了这层甜甜的赞美，就可以进入下一步了。

中间一层：批评或指出问题。虽然这一层最重要，但是要把它巧妙地藏在两个保护层之间，不露声色地展开。由于第一步的工作做好了，学生的心态是平和的，此时他就愿意接受教师的批评和帮助。谈话时，教师要随时注意学生的反应，包括神态、表情等。根据谈话的进展，可以灵活调整。如果感觉到批评得差不多了，或者学生已经出现心不在焉甚至些许反感的迹象，可以见好就收，用第三层来收尾。

第三层：信任、鼓励，提出希望，给予支持和帮助。这一层的主要作用是缓解紧张情绪，去除后顾之忧，保留学生的尊严并让学生看到进步的希望。

三明治效应可以在谈话中反复运用，犹如一个多层的三明治。教师要随时注意观察学生的表情和反应，及时调整，始终掌控着谈话的主动权。

批评不是目的，只是手段，批评的目的是改善行为而不是责骂学生。

运用三明治效应批评学生，既不伤害学生的感情，又指出了问题，同时也容易让学生接受批评，不留后遗症。

（十二）“哪怕做一道题也好啊”——进门槛效应

1975 年，心理学家 D.H. 查尔迪尼做了一个实验。他代替慈善机构进行募捐，提出募捐时对一些人附加了一句话“哪怕一分钱也好”，而对另外一些人则没有说这句话。结果，前者的募捐额比后者多两倍。大量的事实证明，当你向别人提出一个微不足道的要求时，他很难拒绝，否则就显得太不讲人情了。然后，当你继续提出一个更高的要求时，对方为了给人留下前后一致的印象，就比较容易接受。心理学中把这种得寸进尺的现象称为“进门槛效应”。

教师对学生的要求合理，看上去完全可以做到，学生就容易接受。当学生达到了较低的要求后，再逐步提高要求。这样学生会被教师引领着，在不知不觉中持续地进步。在此过程中，教师还要经常使用正面强化，即当学生取得了点滴进步时，要及时肯定和鼓励，以便让学生感觉到老师看得见自己的努力，这样他就会不断进步以期让自己的形象保持前后一致。

进门槛效应对帮助后进生进步是最有效的方法。因为长期落后，积重难返，进步的困难和阻力很大，你一下子对他提出很高的要求，他知道不可能达到，也就不会再去努力了。如果要求比较低，或者要求是按这个学生的程度定制的，实现起来就容易得多。看得见进步，学生的信心就会被鼓舞起来。

【案例 5–4】每天少看一小时电视

曾经有位家长就孩子长时间看电视不写作业的问题向我求助。当时我组织了一次三方谈话（我、学生和家长都参与了），专门商议这个问题。我提出了“每天少看一小时电视，这段时间用来写作业；作为交换，学生在其余时间看电视家长不准唠叨”的建议（他当时每天看电视的时间有三四个小时）。学生想，与其在看电视的过程中始终被家长干涉，不如退让一步，每天少看一点儿。写一点儿作业，既可以得到老师的肯定，又不再被家长唠叨，其他时间又可以安心地看电视，于是愉快地达成了协议。我让家长注意遵守规则并随时和我保持联系。一段时间后，双方都做得不错，我再继续开展工作。首先是大力表扬学生的进步，然后继续帮助他合理安排课余时间，把“每天少看一小时电视”改成了“每天只看一小时电视，若一周执行情况良好，周末奖励两小时自由时间”。后来，这个学生在原来的基础上又做到了这一点，于是，整改的目的基本达到了。

我对自己和学生提出的要求就是量力而行。“每天进步一点点”，日积月累，学生的进步就是巨大的。

（十三）漫天要价，就地还钱——让步效应

先提出一个高要求后再提出一个同类性质的低要求，低要求就有可能被人轻易地接受，这一现象被称为“让步效应”。

让步效应有其深刻的心理学背景。每个人都想给他人留下好的印象，因此，每当他人提出一个高要求自己又无法做到时，只能无奈回绝，这与自己想给人留个好印象的想法就会发生冲突，使认知不协调。如果此时对方又提出了一个低要求而且是自己能够做到的，为了恢复心理平衡，减少心理紧张，当事人就会表现出乐于接受的姿态。

让步效应对班主任说服学生的工作也很有意义。班主任试图达到教育目标时，可以先对学生提出一个很高的目标，甚至是不可能完成的任务。当学生感觉非常困难时，再让一小步，学生就会觉得做到这步并不是那么困难了。让出一小步的心理暗示意义大于让步的实际意义。

【案例 5–5】学生违规使用手机的处罚规定

在一次班级大会上，我和同学们讨论课堂上玩手机该受到什么处罚时，我提出：“一旦玩手机被发现，立刻禁止违规者整个学期带手机进入校园。”底下一片哗然，不少人都觉得我的要求过于苛刻。有学生认为，处罚应该

根据违纪性质和情节有所区别，要给同学改正错误的机会。比如，第一次被发现，应该给同学一个改过的机会，屡教不改者，可以加重处罚。

经过和学生反复商议，我班通过了上课时违规使用手机的处罚规定：第一次发现暂扣手机一星期，第二次被发现暂扣一个月，第三次被发现暂扣一个学期，后两种情况要通知家长。其实，我的目的也不是扣留学生的手机，而是要通过这种制度把学生上课时玩手机的问题管理起来。这样的规定能起效果，学生也容易接受，于是全班通过。

（十四）震慑效应

人们把受到强烈的心理刺激而发生态度改变的心理现象称为震慑效应。在一般的劝说不能奏效的情况下，对人施加强大的心理刺激，从而产生一种震慑作用，迫使对方冷静下来思考问题、认识问题，并接受劝说。

震慑劝说常常是不得已而为之，是在对方执迷不悟，用常规方法反复劝说无效的情况下才使用的。它的效用是巨大的，但却是即时的，也可能会留有后遗症，所以，要谨慎使用。

震慑劝说是最难以把握尺度的，对教师的驾驭能力和说话水平有很高的要求。如果没有较好的班风基础和很强的控制能力，不要轻易采用。要想充分发挥震慑效应，首先就要考虑“攻其无备，出其不意”。教师在震慑劝说中表现出来的气势一定要和平时的形象有较大反差，差距越大越好。

正因为教师的即时表现与平时判若两人，让学生看到了教师的另一面，才会有出其不意的效果。但也正因为这一点，它成了一把双刃剑，对师生双方的心理都是很大的挑战。只有偶一为之才能取得较好的效果，不能成为一种说话的习惯，否则不仅效果大打折扣，还会对教师的形象造成损害。

震慑式的讲话如果掌握不好，有可能让学生产生心理阴影，对师生关系造成伤害。如何把握好分寸，发挥震慑劝说的正面作用，消除其可能造成的不良影响呢？我认为应该注意以下几点。

第一，就事论事，不要伤及学生的自尊和情感，不要口不择言，说出有辱学生人格的话，也不要轻易上纲上线，更不要翻陈年旧账或者老账新账一起算。事先要有准备，不要口无遮拦，无限扩展。控制时间是一个解决办法，震慑劝说的时间不宜过长。

第二，震慑教育不是盲目地“骂”，也不是为了吓唬学生，让学生心生恐惧，而是把道理用比较另类的方式表达出来，怀着一种“哀其不幸，怒其不争”的情绪，关键是要让学生从震慑中看到教师内心深处的爱和担忧。

第三，在使用震慑劝说时，要注意把握节奏。从声音来看，要抑扬顿挫，不能从头到尾一个语调、一种语气。从讲话内容来看，要褒贬结合，不能一味斥责，要打一打、揉一揉，让学生在反思的同时看到希望。

第四，震慑劝说后，一定要做好善后工作——调整、安抚、鼓励。要向学生传达积极的信号，肯定学生（或班级）的主流是好的，虽然有缺点，但只要改了就会大有希望。

第六章

十大励志教育攻略

励志教育是班主任对学生教育的重要内容。班主任要结合自身的特点，针对不同的学生和班级，灵活采用不同的激励手段，激发学生自主学习的欲望，战胜学习、生活中遇到的困难，在长期的实践中，逐步总结、补充，形成一套有自己风格的、卓有成效的励志教育体系。下面，我简单梳理一下自己在带班过程中运用过的一些励志教育方法，大致包括以下几种。

一、演讲励志

富有激情的演讲能让听众群情激奋，斗志昂扬，现场效果很好，不足之处是教育效果持续时间不长，也不是对所有人都有作用。尽管一段时间之后，演讲的大部分内容会被学生遗忘，但其中一些精彩的语句还是会给学生留下深刻印象。不同学生会对不同句子产生兴趣并保持长久的记忆，这成为激励他们前进的力量。

演讲分为即兴演讲和有预设的演讲，可以是有讲稿的，也可以脱稿。即兴演讲对教师的口才和反应敏捷程度要求较高。如果把握不大，就不要进行即兴演讲，最好事先写好稿子或提纲。演讲稿必须自己写，最好不用现成的，自己写的演讲起来才会有感情。文字功底比较差的班主任可以借鉴别人的文章，但一定要结合自己班学生的特点，要有主题和针对性。演讲要用在关键的时间点上，频率不能太高，以免让学生产生审美疲劳。根据讲话的内容，教师尽可能在语气、音调和气势上做到有所改变，不能千篇一律。

【励志演讲稿】心中的奖杯（节选）

（我自费设置的“阳光雨露杯”奖学金，每学期颁发一次，奖励在重大考试中取得优异成绩的学生，至今已颁发十五届。每一届颁奖仪式上，在学生领完奖、发表完获奖感言后，我都会利用这次机会发表演讲，鼓励他们继续努力，取得佳绩。其中不少演讲稿都是很好的励志文章。以下是我在第十二届“阳光雨露杯”颁奖仪式上演讲的片段。）

亲爱的同学们：

今天，我们在这里举行简朴而隆重的颁奖典礼，表彰过去一个学期里学业上表现最优秀的同学。她就是第十二届“阳光雨露杯”获得者，晓露同学。

在上学期期末的市统考中，我们班晓露同学九门学科全部取得了90分以上的成绩，以绝对优势取得总分年级第一名，而且遥遥领先第二名。我为晓露同学感到骄傲！我为我们班感到高兴！我为能做她的老师感到荣幸！

我给晓露的颁奖词是：“不功利，不放弃，对知识的求索与分数无关。”

国人是很聪明的，他们喜欢研究政策，目的却不是更好地遵守规则，而是想钻空子，以图用最小的投入获得最大的回报。这种思想已经影响了很多同学，体现在出于功利目的对某些高考不考、自己不选修的学科采取放弃态度。

我劝大家不要学这些小聪明。凡是这样对待学习的，没有一个可以取得好成绩。在将来的人生道路上，试图投机取巧不劳而获的人，也多半不会有大的发展。

以严肃的态度对待每一门功课，不仅不会影响主科成绩，反而更能均衡合理地分配时间，实现高效学习，其结果是触类旁通，全面开花。天道酬勤是不变的真理，晓露同学的表现就是最好的证明。

晓露同学成功的另一个秘诀是——安静。做学问需要安静。安静是一种境界，在当下这个浮躁的社会里，安静、从容的心态难能可贵。

古往今来，凡取得大成就的人，无一不是能安静思考的人。有谁见过她高谈阔论？有谁听到过她热闹插嘴？都没有。但是，上课时她一直在用专注的眼神与老师互动。那种眼神里充满了对知识的渴求和对未知世界的探索。

晓露的学习之路也并非一帆风顺。入学后的第一次测试成绩就不理想，期中考试成绩更是只有年级第51名。不过我从未担心过，我相信只要保持积极向上的姿态、平和的心态，不急不躁，稳扎稳打，取得成功只是时间和机会问题。

同学们，学习宛如长跑，比拼的是智力、体力和意志力。不少同学有很大潜力，但没有充分发挥。我们需要思考：差距在哪里？从什么时候、在什么地方开始这种差距的？是什么在阻碍自己进步？

每个人在学习上肯定都会遭遇困难和挫折，失败会给人带来痛苦，但不学习给人带来的只能是堕落。试想一下，一个人从16岁就开始堕落，他这一生将会是一种怎样可怕的过程！

今天的奖杯只有一个，但是每个人心中都应该有一座奖杯，那是我们对优秀的追求之心。只有不甘心、不死心、不灰心，才会坚持，才会摘取最后胜利的果实，取得属于自己的成功。我们要战胜惰性，做到最好！

奖杯代表了我的心愿，愿每一个人都能高高捧起心中的奖杯，愿阳光雨露伴随全班同学成长！愿我们前进的道路上洒满阳光！

（热烈的掌声）

二、书信励志

文字具有其他表达方式无法替代的优势，信件更有异乎寻常的教育力量。它有质感，带着情感和温度，可以被反复阅读、回味。话语容易被淡忘，文字却可以永久保留。

每当班级遭遇挫折失败，发展遇到困难瓶颈，而我又一筹莫展时，我首先想到的，就是给孩子们写一封信。一封励志的书信，既是写给学生的，也是写给自己的。

没有事事一帆风顺的班级，遭遇挫折是家常便饭。面对挫折，千万不能灰心丧气，一蹶不振。要转变心态，把每一个挫折都当作励志的绝好素材，把每一次失败都当作重新凝聚人心的机会。我不愿意独自面对失败，因为班级里有几十个孩子可以和我共同分担。我用书信表达情感，以这样的方式打动我的学生，鼓励他们奋勇向前、战胜困难，也给自己加油打气。

文章与书信，往往是最好的励志教材。这与教师的专业与写作水平无关，它更多的是一种工作意识与方法。我相信，只要注入情感，即使是朴实的文字，也一定具有鼓舞人心的力量。

【励志书信】我们还要努力！（节选）

（这封信是我接手某班级一个月时完成并与全班同学分享的。当时，班级建设正蓬勃开展，班级活动也搞得风生水起。正当我自我感觉良好时，一位领导却出人意料地批评了我和我们班，说班级里中午太吵闹，影响了其他班级同学午休。当时我非常委屈，却百口难辩。我知道，解释越多，给别人的印象就越不好。痛定思痛，何不用文字将这次事件以及开学以来班级发生的其他事情一并做个小结，也算是对学生进行一次励志教育。于是，我写下了以下这封信。）

亲爱的同学们：

开学几周匆匆过去。当我星期五傍晚时分疲惫地离开学校时，校园里已是一片静悄悄。这一周，有太多的忙碌，几分惊喜，些许惆怅……

班级每天都在发生着令人欣喜的变化，宛如初生的婴儿，拼命吸收营养，长得飞快。我们每天都在向这个新家中注入正能量，呵护着她成长。

每天都有令我感动的场景，班级里的正能量真多！

上周，同学们费了好大功夫，才把阳台打扫得干干净净。我买来了两盆花，让班级里有了一些绿色。那天我去阳台时，发现又多了一盆漂亮的植物，再一问，是王瑛从家里带来的……

王瑛真好！这是我的心里话。同学们都把她叫“邻家女孩儿”，好亲切的称呼，让人听着就觉得温馨。

王瑛干活认真到让我心疼！我知道她身体不好，但是，从军训为同学们服务，到做值日、为班级做展板，哪一样不是抢着干！她的好，同学们看得见，都写在了周记里……

班里岂止是王瑛好！应该说，有不好的吗？真的没有！在我眼里，大家都那么可爱、优秀，就算是偶尔顽皮，也透着灵气。

要说遗憾，那也是有的。我的遗憾，同学们往往都不知道……

有一天，领导批评了我，说我们班中午太吵，影响其他班级休息。

那一刻，我真的很委屈。我年纪大了，记不清很多事情。哪一天吵闹，我完全没有印象，为了让科任教师多休息一会儿，一个星期五天的值班我全包了。因为每天睡眠不足，到了中午我特别困，但为了多做一点儿工作，我几乎没有午休过。我天天在班里，没发现影响到其他班级啊！

我想起了军训时同学们的委屈。

是啊，大家训练都那么认真刻苦，会操的表现无可挑剔。但是，优秀团队的名单中竟然没有我们班！当时很多同学都哭了。我知道大家是委屈的。我真想告诉大家，社会是复杂的，很多事情不是你们想象的那样，只要付出了，就一定会有好的回报。做人，要大气；班级，也要大气。要相信，如果足够优秀，谁也挡不住我们的光芒！

我问自己，班级午休是不是发出了声音？如果有，哪怕不高，那也是瑕疵。只要有瑕疵，就别怪人家说我们。有人盯着，正说明了我们引人注目，这是动力。

让别人闭嘴的唯一办法，就是做得更好！

我还要努力，更需要全班同学的努力！不抱怨，不委屈，勇敢地走下去，用事实来证明自己。我相信，我们的努力，终会有回报。我们做这些不是为了给谁看，是为了我们自己的未来。

写到这里，我看了一下时间，已经深夜一点半了。现在已经是星期一了。过不了多久，太阳就会升起，新的一周，已经来临。同学们，振作一下精神，让我们踏着朝阳，出发！

——爱你们的老班

三、电影励志

电影教育一直是我励志教育的主要辅助手段之一。

看电影需要时间。现在学校普遍都抓得很紧，学生很少有自由支配的时间。但只要巧妙地见缝插针、化整为零，还是能找出时间的。

励志虽然是播放影视剧的目的之一，但通过几年的电影教育探索，我发现不能把视线仅仅停留在励志一个点上，开拓学生视野，补充人文知识，提高学生文化素养才是最主要的。人的素质提升了，自然会自我励志。所以，我的电影教育的题材选择越来越宽泛，并形成了一定系列，如英雄系列、科学家系列、幸福系列、灾难系列、成功系列等。同时，时事热点如地震、海啸、核泄漏、食品安全、污染等相关内容，也被纳入了我们的电影教育课程，这对培养学生的社会责任感起到了很好的作用。

好的电影有很强的感染力，学生容易沉迷于剧情而忽视故事的教育主题，教师要善加引导、点评，也可以组织学生写影评感悟、召开主题班会讨论，让学生的收获更大一些。

我推荐的适合中学生看的十部励志电影（电视剧）如下。

①《龙樱》（日本）
②《叫我第一名》（美国）
③《风雨哈佛路》（美国）
④《海伦·凯勒》（美国）
⑤《居里夫人》（美国）
⑥《垫底辣妹》（日本）
⑦《十月的天空》（美国）
⑧《高三》（中国）
⑨《当幸福来敲门》（美国）
⑩《死亡诗社》（美国）

四、“名人”励志

明星的榜样示范作用是巨大的。明星的成长过程往往具有传奇性，其中蕴含着丰富的励志素材。把明星请进课堂，与同学们共话成长，零距离互动，无疑是很好的励志教育活动。但明星难求啊！而且面对那高额的出场费，我们也只能望洋兴叹。且慢，有不花钱就可以请来的“明星”，而且还不止一个，活动的效果也往往很好。这些“明星”就是学生身边的领导、老师——他们是校园里的公众人物，是学生心中的名人。优秀教师在学生中拥有大批粉丝，但他们平时表现出来的大多是教学、管理上的一面，至于个人生活和经历却给人一种神秘感。所以，我认为他们的故事对学生更有吸引力，而这些故事不正是绝好的励志材料吗？

精心策划一番后，系列班会《师话实说》励志访谈横空出世。活动一经推出，立即受到学生们的热捧，成为最受欢迎的班会课。“师话实说”，顾名思义，就是将老师请到学生中间，让老师谈谈自己的成长经历、感悟心得，对学生说一些心里话，同时和学生进行互动。一名成功人士的阅历和故事对学生而言，是一笔宝贵的财富。

班会的主题确定为“分享智慧，聆听感悟，体会成长”，以突出其励志作用。

把老师请进班级做节目，老师愿意吗？这可是要曝光隐私的啊！其实大可不必担心。只要你大方真诚，注意方式方法，提前做好沟通，大多数教师都愿意接受邀请。比如，我们会找课代表或与教师私人关系好的同学去邀请，设计正式的邀请函，提前就访谈的大致内容和嘉宾做好沟通。学生邀请往往比班主任亲自出面效果好，如果学生先发出邀请，班主任再推动一下，有时候甚至“三顾茅庐”，邀请多半能成功。其实，从教师或者领导的角度分析，他们也想改善师生关系，也有很多话想对学生说，想增加亲和度，在学生面前塑造亲民形象，让学生理解、认可自己，从而提高教学或者工作效果。

每月一档的嘉宾访谈，校长、副校长、中层干部、科任教师都曾经走进我们班级，与同学交流互动，取得了非常好的教育效果。“名人”励志成为励志教育的重要内容。

其实，活动的意义还不止于此。通过这种活动，学生可以更多地了解教师和领导，理解他们的辛苦。活动的氛围宽松，学生比较容易与老师接近，从而更易接受教师的指点和教育。从班主任的角度分析，让学生更多地了解教师和领导，改善师生关系，对教育工作也大有益处。

五、阅读励志

我一直致力于学生励志读本的开发。励志读本对学生有长期的、积极的影响。它是学生成长的教材，是学生茫然无措时的一盏指路明灯，是学生彷徨无助时的精神关怀，是学生疲惫倦怠时的一针强心剂，也是学生奋斗拼搏时的助推器。

（一）资料来源

励志读本可以一边用一边开发，先收集一些素材让学生用起来，再慢慢补充完善。我的励志读本主要有三个来源。

①正式出版的励志书籍。如《我的人生供你参考——名家大师对话青少年》等。

②在网络上收集的优秀学子的成长故事或励志文章。如《你凭什么上北大》《我们都不是神的孩子》等。

③我自己写的或学生写的励志文章。

书籍可以集体购买或买几本大家轮流借阅，好的文章可以打印出来，编上号，一次发一篇，提醒学生妥善保存，一个学期检查一次。

（二）阅读方式

①集体诵读。比如，利用早晨的时间全班读 10 分钟（齐读的时间不要太长）。

②领读员朗读，学生默读。

③自行阅读，教师要掌握阅读进度。

（三）读后行动

①可以利用班会课交流阅读的心得体会。

②撰写读书心得，可以以假期作业或征文比赛等方式完成，优秀的读

后感可以评奖、打印张贴，好文共欣赏。

③摘抄名言警句。

④班主任结合班级情况做点评。

（四）注意事项

材料要精选，应符合本班学生的特点和学习进度，所有内容教师事先要阅读，一些材料需要做相应的编辑后再发给学生。励志读本的内容不能过于狭窄，不要只局限于中高考。对一些“高考状元”的文章，要慎重选择，在读本中所占比重不宜过大。对网上流传的一些文章，要注意核实其真实性。

有人误以为对学生进行励志教育就是励志，只是为了让学生在考试中获得高分。其实，励志教育的内容是很宽泛的。励志应该是一种人生态度，而不仅仅是应付考试。

六、谈心励志

以上谈到的励志方法多半是面向班级整体进行的。但每个人的情况是不同的，教师和学生的个别谈话针对性更强。教师定期或不定期地和学生谈心就是很好的励志方式。教师在与学生谈心前要做一些准备工作，比如，多观察该生在课堂上、课外的表现，研究他的成绩变化，和家长事先做一些沟通等，可以提高谈心的效果。教师能关心到每个个体，对学生而言是一种莫大的鼓励。

七、榜样励志

树立自己班级的励志典型，收集他的故事资料，请他来谈谈自己的经历、故事，对其他同学也是很好的激励。我的班级开展了评选“励志之星”

活动，就是为了寻找身边的榜样。榜样不应该仅局限于学习，应涉及学生成长的方方面面。“战胜困难，自强不息”就是选择的标准。班主任要深入学生中去了解、发现。给这样的同学提供展示的机会，可以让更多的同学知道身边就有最好的榜样。

八、环境励志

班主任要善于在班级里创设励志环境、营造励志氛围。比如说，让学生把自己的奋斗目标，包括近期的、中期的、远期的目标做成卡片，以精美的展板展示出来。这样既美化了教室环境，又可以时常提醒学生每天进步一点儿，向着制定的目标努力前进。对学生制定的目标，班主任要逐一阅读、指导，目标要切实可行，不可好高骛远，要“跳一跳，够得着”。如果达成了近期、中期目标，要及时予以表扬、肯定，并鼓励其继续制定下一步的目标。人生规划展板可以营造良好的氛围，充实班级文化内涵，但切记不可只让目标挂在墙上，行动中却丝毫没有体现。

张贴海报虽是非常简单的励志方法，但造势的效果不错。我们班专门成立了海报小组，承包班级活动中各种海报的制作工作。每次贴出海报都会引来大家围观，海报成为班级文化的一个亮点。海报的种类很多，但最能鼓舞人的，是每逢班级发生重大事件时，如开运动会、大型考试前，及时推出的海报。这能提醒同学们很好地配合活动的开展。

“荣誉墙”、名人名言、警句格言，包括学生自己的励志语言，都可以让一个班级充满励志氛围。

但是，我反对使用“血淋淋”的、疯狂的语言励志，因为它们扭曲了人性，违背了基本的教育宗旨。所以，我班的墙上贴的班级精神是“让优秀成为一种习惯”，而不是类似“吾日三省吾身：高否？富否？帅否？——否，快滚回去读书吧！”这样粗俗不堪的所谓励志标语。

九、活动励志

励志最好无痕。活动是最好的励志方法之一。除了上文提及的观看励志视频、征文等活动外，我班还组织过拓展训练、参观考察、骑行、各种趣味比赛等励志活动。这些活动学生喜爱，参与度高，励志于无形，效果都相当不错。其中，户外拓展训练是一项非常有意义的教育活动，对培养学生自立自强和果断勇敢的精神很有帮助，对提高班级的集体凝聚力和荣誉感都很有帮助。我班的拓展训练励志案例还曾被教育部收录为全国班主任培训教材中的典型案例。但是，正规的拓展训练要有专门的场地和教练，需要一定的费用。如果条件不允许，可以用其他一些活动替代，如远足、野营、登山等。在开展这些活动的过程中可以安排一定的拓展训练和团队游戏。这类资料网络上有很多，可以很方便地找到。组织活动时，班主任要注意安全，同时记得让学生写出活动后的心得、感悟。活动是最好的教育，能给学生的成长带来很大影响。

十、评价励志

评价的目的是激励，所以，评价也是励志手段之一。用多元的评价机制可以促进不同个性、不同层次学生的发展。一个班级相对完整的激励评价系统的构建，可以在评价周期和评价内容两个维度上展开。周期可以从星期、月度、半学期、一个学期直到一个学年，评价内容可从学习成绩、常规表现、班级工作、集体活动、个性发展等方面入手，涵盖整个班级生活。每一大项又可分成若干小项，在不同的班级，具体名称和评价细则可以由班主任带领学生自行设计。比如，班级工作类，对班干部、小组长、课代表和值日班长、值日生等岗位分别进行评价表彰，另设置比较灵活的“关心集体特别奉献奖”。这样就可以覆盖几乎所有的班级工作，班级里的任何正能量，都可能被这个体系捕捉到。虽然教师教育学生不是只为了奖励或表彰而做好事，但健全的评价体系的确能很好地激励学生。下表是我班曾经或正在使用的部分评价项目（以评价周期排序），供大家参考。

表 6–1　班级评价体系框架

周期	项目名称	评选对象	产生方式	当选人数（次）
星期	班级之星	全班学生	小组推荐， 班主任认定	1—2
月	月度风云人物	全班学生 （含组合）	个人推荐、班委会推荐、教师推荐，学生投票认定	当选 1，提名 1—3（含组合）
学期	感动班级 十大事件	全班学生、教师、家长、其他	根据评选细则	10
学年	感动班级 年度人物	全班学生	根据评选细则	当选 1，提名 1—4

奖项名称也能励志，一个好名字可以给获奖者带来很好的体验。比如，学习类的，针对不同的学业成绩和表现，我班设置过阳光雨露奖杯、卓越奖、超越奖、全能奖等多个奖项。

比奖品更重要的，是表彰活动给学生带来的成就感。所以，颁奖仪式一定要正式。每次举行颁奖典礼时我们都做幻灯片，注明奖项名称、获奖者名单和照片、获奖理由、颁奖词，还配上音乐。获奖者发表获奖感言，获奖情况告知家长，班级出海报。

颁奖典礼是班级大事，要隆重、热烈。颁奖活动成为一种文化后，其激励作用很大。

班级应该有一个学生行为记录系统，学生平时的各种表现由不同的班干部分类记录，这样可以保证评价的公平、公正。

其实，生活中到处都有励志教育素材，班主任要做有心人，不断发现，不断积累，将其恰当地运用在教育中，长期坚持，必有效果。

第七章

提升学生的情商

提升学生的情商是近些年来非常热门的研究课题。所有人都知道情商教育的重要性，但到底什么是情商，这个问题可能连研究专家都很难说清楚。我比较喜欢一种简单的说法：情商是理解他人及与他人相处的能力。

在本书的不少章节，如团队精神培养、励志教育中，都有一些培养学生情商的实例，本章总结的一些对提升情商有明显促进作用的教育活动，重点则放在感恩、交友、尊师、构建和谐人际关系等方面。我们试图从个案中发现一些规律性的东西，以期举一反三。

培养情商不是靠搞几次激动人心的大型活动就能完成的，而是融化在整个班级生活中。这其中，教师的教育意识至关重要。举个例子，颁奖是班级生活中很常见的一件事，但很多同学都不知道领奖的礼仪，随随便便走上台来，单手拿了奖品转身就走。遇见这种情况，教师不能视而不见，应抓住这个瞬间及时教育。但教育讲究艺术，直接批评不懂礼仪的学生，会使他难堪。如果教师先不动声色，等到哪一位同学很有礼貌地向老师道谢时，立即给予表扬，“顺便”把领奖的礼仪告知学生：要双手接过奖品，微微鞠躬，同时对颁奖者轻声致谢，态度要诚恳，不能嬉皮笑脸或漫不经心，台下的同学要对获奖者报以掌声鼓励，等等。如此，后面的学生就学会了这种礼仪。只要经常注意这方面的引导和训练，学生就会慢慢变得彬彬有礼。这样的细节，在班级生活中俯拾皆是，所以，教师本身要具有较高的情商。教师的引领作用体现在发现、发掘活动中潜在的培养学生情商的价值，在组织活动的各个环节及时进行教育，让学生明白情商对一个人取得成功的重要性，引导学生自觉地开展行动。

一、教师在情商教育中的重要作用

情商教育应该成为教师最重要的工作之一，因为情商对一个人的生活状态影响太大了。情商高低固然与人的个性有关，但依然可以通过适当的教育引导使其得到有效提升。

教师是学生最好的榜样。如果教师本人冷若冰霜，对工作没有热情，对学生缺少关爱，怎么能培养出高情商的学生呢？在情商教育中，教师的示范作用是第一位的。

教师应该是富有激情的，在学生面前最多的表情应该是微笑。无论是对待同事、领导、家长还是学生，要始终彬彬有礼，随时准备提供帮助，绝不居高临下或卑躬屈膝。教师的气质、风度对学生的影响很大。

除了在长期相处过程中的耳濡目染，教师有意而为的行动也可以强化教育效果。

【案例 7–1】老师再见！

从接班第一天起，只要我在学校，都会去班上亲自宣布放学。因为我除了要对学生做最后的叮嘱和检查工作之外，还有一件重要的事要做，那就是和每个孩子告别。

我没有提什么要求，只是静静地站在门口。一天的校园生活结束了，学生欢快地走出教室，我微笑着目送他们离开。很多同学在经过我身边时，都非常有礼貌地和我道别：“老师再见！”我立即回应：“某某再见！”这真是校园里一道美丽的人文风景，尽管很朴实、很常见。

但也有的孩子，或低头匆匆走过，或与同学谈笑风生，完全没有注意到老班的存在。我依然微笑目送，没有表现出任何不开心。

第二天，我表扬了同学们有礼貌，说很多同学主动和老师道别，老师觉得非常温暖，令人很愉快。

下午放学，我再一次站在门口，微笑着送学生离开。更多的同学有所意识，主动喊出：“老师再见！”我回应：“某某再见！”全班绝大多数同学都这样做了，只有个别同学依然对我视而不见。当然，他们可能有各种原因，也许他就是这样冷冷的性格。我依然微笑，顺便记住了这几个学生的名字。

第三天，我继续表扬同学们，因为绝大多数同学都能礼貌地和老师道别。下午放学时，教室的门口温馨的场景再一次出现。那几个“特别的”学生，我在等着他们。前面一个个学生都在和我相互道别后离开了，那个不打招呼的同学走了过来。当他靠近我时，我向他移动了半步，微微挡住了他的去路，他抬头看见我就在他面前。我略微提高了声音，主动对他说：“某某再见！”这次他躲不掉了，脸上闪过一丝令人难以察觉的尴尬，低声回应：“陈老师再见。”我跟着加了一句：“很好！路上注意安全！”“知道了，谢谢老师！”

大功告成！有了第一次，以后见面就不会尴尬了。班级的每一天，都在这样温馨的师生道别中结束。多么令人愉快！一天的疲惫，顿时减轻了不少。当然，那位同学的情况可能不是那么简单的。虽然解决了礼貌问题，但是他不和老师打招呼的深层次原因（有吗？）还要进一步了解。

我继续教育学生，和人打招呼不能敷衍，例行公事，给人不真诚的感觉。无论是问好还是道别，都要用眼睛正视对方，面带微笑，同时微微但很清晰地点头示意。渐渐地，学生学会了如何和人打招呼，这是学会如何与人相处的第一步。

情商教育，重在细节、小事，一点一滴地培养。礼貌可以反映出一个人的素质。歌德说，一个人的礼貌是一面照出他的肖像的镜子。一个小小的放学仪式，正是从细微处培养学生礼貌待人的品质。事情虽小，意义不小。

【案例 7–2】掌声响起来

研究表明，鼓掌会刺激人体分泌快乐激素，使人的心情趋于放松。鼓掌的时候，人更容易绽开笑容，这是于己；鼓掌对别人是一种赞赏与肯定，带给他人以鼓励和信心。从鼓掌这个细节可以看出一个集体的情商。

我的班上经常会传出掌声，这是长期培养的结果。我大致从以下几个方面进行培养。

第一，明确在什么情况下要鼓掌。

①表达感谢。比如，不管是谁，在发表完讲话或表演完成后，大家都应该用掌声表达感谢。

②表示鼓励。同学因害羞、紧张等缘故在回答问题或表演时出现卡壳等尴尬状况时，大家应耐心等待并可以用掌声鼓励。

③表示祝贺。对获得荣誉或被表彰、表扬的人，大家应用真诚的鼓掌表示祝贺。颁奖人宣读完颁奖词或领奖人上台领奖时，底下的人都要鼓掌。

④表达心情。班级里出现一些感人的场景，观看精彩的电影后，或受到激励时，大家可以将激动的心情用掌声表达出来。

⑤表示欢迎。教师、领导、家长、同学、客人等来到本班时，应用热情的掌声表示欢迎。

⑥表示欢送。有人离开时，用掌声欢送，给人留下良好的印象。

⑦营造气氛。班会、联欢会等场合，用掌声营造欢快的气氛。

⑧表示赞同。别人说出了自己想说的话或有精彩的发言时应该鼓掌；讨论班级规定或政策时，如果不需要投票，也没有什么争议，可以用掌声表示通过。

……

第二，教学生如何鼓掌。

鼓掌看似简单，但学问不小。

首先，态度要真诚。鼓掌时应面带微笑，不喝倒彩、吹口哨、跺脚等。其次，鼓掌一般持续 5 秒钟左右，不宜过短，否则会给人敷衍的感觉。除非特殊需要，一般也不宜过长（超过 30 秒），以免打断正常的活动节奏。鼓掌时偶尔可以伴随着低声的喝彩，但声音不宜盖过掌声。再次，鼓掌的合理姿势应该是：抬起两臂，抬起左手手掌至胸前，掌心向上，以右手除拇指外的其他四指轻拍左手中部，节奏要平稳，频率要一致。

第三，训练、培养学生鼓掌的习惯。

在合适的时机、合适的场合，合适地表达情绪并让对方感受到鼓舞，让鼓掌发挥它应有的作用，这些都需要练习。建议教师结合鼓掌的实例给学生专门讲讲这个话题。平时也要经常训练学生，让学生形成鼓掌的良好习惯。常用的方法有以下几种。

①暗示。如眼神示意、停顿等待、手势引导、语言提示等。

②引领。什么场合需要鼓掌，教师要适时引领。

③要求。什么时候需要鼓掌，教师应直接对学生提出明确要求，例如，“请大家用掌声鼓励他一下……”

为美好的事物鼓掌，是一种良好的风尚。正义而健康的掌声，能形成一种气场，创设一种情境，让每一个身处其中的人都能感受到温暖和力量。用掌声表达谢意和欢迎，体现了学生的文明礼貌和良好素质。这些就是高情商的表现。经常鼓掌的班级，一定是热情而有活力的，也一定是团结而有战斗力的。

二、培养情商从细节做起

教师不仅自己要有高情商，还要着力培养学生的情商，这甚至比传授知识更重要。

培养孩子的情商要从细节做起。问好、致谢、道别、表达歉意、读懂暗示、换位思考，等等，一个人的言行举止以及与人相处的细微处，不仅体现素质，也能体现情商。人们都喜欢与高情商的人相处，情商高的人在生活中总是能处于良好的状态，发展得也更好。

【案例 7–3】老师，我们不会辜负您！

因为学校工作调整，我们班要换数学老师了。真是很让人伤脑筋。

我们的数学老师是一位普普通通的年轻教师。大半年来，我们班的数学成绩一直很好，师生之间配合默契，相处得非常愉快。现在忽然换老师，不要说学生，就连我也难以接受。和领导交涉无果，只能服从大局。怕孩子们难过，一直瞒着，今天是数学老师在我们班上课的最后一天，不说不行了。

我和老师商量："是我说还是你自己说？"

数学老师有点伤感，说："还是我自己和他们说吧，上完最后一节课再说，怕说早了这节课上不下去。"

其实，我本来是想搞一个小小的欢送仪式的，但怕增加伤感，也就作罢了。临下课前，我去了班里。我远远地就听见教室里的喧闹声，原来数学老师已经把这个消息告诉了学生，学生这会儿正在闹意见呢！

我示意全场安静，对学生说："学校工作调整，换老师是没有办法的事。我相信大家在新老师的带领下也能学好数学。数学老师带了我们大半年，让我们以热烈的掌声对老师表达感谢吧！"

全班同学热烈鼓掌，很真诚。老师向学生鞠躬答谢。

我们应该让孩子们学会感恩。人和人之间是存在真挚的情感的，孩子们很善良，也很拥戴教师，这也是我们班最好的传统之一。我觉得，让每一位在我班上课的老师都感到很幸福，这是我教育中最成功的地方。

几位班委向我建议，是不是给老师送一个纪念品？我说好，东西不要买太贵的，但是要有意义，能表达我们的心意，具体怎么做大家自己去考虑。我觉得，这件事还是孩子们自己办比较好，让他们用实际行动表达对老师的感激之情。

教师更换虽然很令人伤感，但从另一个角度讲，也是很好的感恩教育契机。

第二天，班长向我汇报："我们想给每位同学拍张照片，再洗出来，做成一个小本子送给老师，这样行吗？"

我说可以啊！

但生活委员却认为，每个人都单独拍照片太费事了，不如按小组照相比较好。

我问："拍了照片后怎么办呢？"他们说自有办法。学生布置给我的任务就是给他们拍照。

给数学老师的礼物很快就准备好了，一个是他们自制的相册，有全班同学的合影和分组照的照片，另一个是写有祝福语和全班同学签名的笔记本。我班学生喜欢集体签名，这样做的一个好处是每个人都能参与其中。留言虽然是由一名学生主写的，但是每个人签字时都会读一遍，读一遍就是一种体验。

留言是这样写的：

老师：

转眼间又快到夏天了，回忆起从去年初秋到今年初夏，您不只是在教我们知识，更是在教我们做人。如今课堂上的身影已不是您，作为学生的我们无法改变这样的事实。校园中的树木都换了新芽，而树依然在不断地生长。老师换了，我们也依然不会辜负您的期望，依然会努力学习！

祝您事业顺利！

——高一（1）班全体同学

下面是全体同学的签名，作为班级的一分子，我也签上了自己的名字。

也许，每一次教育只能给人某一方面带来一点点影响，但就是这样微小而持续的影响造就了孩子们优良的品质。这是一个漫长而宏大的工程，每天只要添一块砖、加一块瓦，生命就因此逐渐变得厚重，人生也因此变得更加精彩。

教育是一幅徐徐展开的画卷，我们不知道接下来会看到怎样的画面，但我们一直用积极的行动来期待下一次的精彩。

三、班级管理也能培养情商

好的管理可以提高人的情商。班级中的教育资源非常丰富，就看教师有没有善于发现的眼睛和创新的意识。举个例子，一个排座位问题，让多少班主任头疼。以下的案例却告诉我们，通过排座位其实也可以提高学生的情商。

【案例 7-4】良心的选择

早晨七点一刻来到班上，居然发现我是倒数第二个到的，除了一个同学紧跟在我后面进来，其他同学不仅坐好了，而且都已经开始读书了。

一天的学习生活很平静地开始了，但是我知道，每个人的心里其实都隐藏着一丝不安与焦虑——今天下午放学，我们将重排座位。

开学以来，座位问题一直困扰着班上很多人。因为这个学期我采用了一个特别的做法：不固定学生座位，每天早晨谁先来谁就可以坐在任何一个自己喜欢的位子上。这样，最后一个到的同学就只能是剩下什么座位坐什么座位了。

政策一公布，立即引起轩然大波——怎么搞得像自修教室一样，先到先得啊？

争议归争议，规定还是要执行的。第二天一大早我来到学校发现，学生已经齐刷刷地坐好了，无一人迟到！不早不行啊！谁都知道来迟了坐不到好位子。这个举措顺带把迟到问题解决了，这倒是出乎我的意料。

同学们虽然都早到了，但仔细观察，问题不少，而且还相当滑稽和无奈——男生女生、高个子矮个子，胡乱地分布在教室的各个角落。因为大家都是第一次抢座位，谁都没有体验过，先来的同学想怎么坐就怎么坐，不乱才怪。在一片混乱中，有个细节尤其刺眼——班上个子最小的女生小马坐在了教室最后的角落里，神情落寞。因为她家离学校最远，虽然起得早，但等她赶到学校时，其他同学都到了。

难道我事先没有想到会出现这些状况吗？当然不是！开始的混乱在我的预设之中。学生抢座位的行为从一定程度上暴露了人性的弱点，这正是绝好的教育素材。

下午放学前，我强调了两件事。第一，选择座位不应该违背基本常识和公德。比如，个子最高的男生就算来得很早，也不宜占据前排的座位，因为那样会影响后面的人看黑板，这是个公德意识问题。虽然规则是先到先得，但你还必须考虑利益之外的一些东西。由于男生的身高普遍超过女生，我提议，男生不宜抢占教室前三排的座位。第二，我介绍了小马的相关情况，特别是她现在面临的困难——即使出门很早，也未必能抢到前排座位。让小马坐在最后一排的角落里，是非常不合适的，我甚至认为这是我们全班的耻辱。一开始大家不了解情况，我相信大家以后会慢慢适应这个改变的。

我这样一说，高个子的男生就不好意思抢前排的座位了。即使坐在那里，也会浑身不自在，就好像后面有很多双眼睛在看着自己一样。然后我把小马单独拉到一边，叮嘱她："明天你咬咬牙，再早起一点儿，争取坐到前面去。"

第三天的情况好多了，高个子的男生没有再抢占前面的座位，班级看着整齐多了。小马听了我的话，来得更早一点儿，居然坐到了第二排。我对她说："明天继续早到。只要坚持三天，一定有惊喜。"

在接下来的几天里，我又在细节上做了一些调整和引导。比如，不得帮小伙伴占座位；抢来的座位不得转让，否则将取消占座位的资格，一律坐到最后去，等等。这期间我也顶住了来自家长的压力，我请家长放心，这样的安排自有道理，请大家耐心等待几天，不会让孩子们一直抢下去的。

说来也怪，一周过后，大家已经不像一开始那么焦虑了，抢座位之风渐渐消退。教室里的座位虽然没有明确固定，但"民间习俗"却渐渐形成，大家似乎达成了某些默契，即使哪个人来得早，也未必会抢占前排，而是按照几天来形成的习惯坐下。特别是小马，连续几天来得早，坐在同一个位置上，那个座位就被默认为是小马的了，即使后来有时候她来得并不早，那个座位基本上也没有人抢占。

习惯的力量是巨大的。心理学上的"定位效应"开始发挥作用了。看来，据此将座位固定下来的条件已经成熟。于是我宣布，本周五将最终确定座位。为了公平起见，每个人将随机抽取一个号码，按序号选座位。

班会课上，我对前几周"抢座位"的情况做了点评，特别表扬了大家发扬风格、礼让座位的好风气。"一个好座位固然重要，但在集体生活中还有更重要的东西值得我们珍惜，那就是同窗友谊。大家能在一个班级学习，是缘分。希望大家接下来选座位时继续保持风度，不要出现不和谐的景象，体现出优良素质。今天大家能自选座位，说明我们尊重每一个人的权利，我们希望这种尊重能换来大家对集体和他人权利的尊重。"

在抽签之前，我强调了几件事。

①即使拿到序号靠前的签，也要考虑到自己的身高，合理选择座位。

②同学们应该发扬团结友爱的精神，互相礼让，不让小个子同学坐到最后。

③选完座位后，每个同学在自己的序号上写下姓名。我会回收序号，下次选择座位时，把顺序颠倒过来，即这次最后一个选择的同学，下次将获得优先选择权。

规则明确后学生开始抽签，场面很热闹。抽到上上签的同学大喜，抽到序号靠后的则忧心忡忡。

很多人会担心，这样做会不会破坏班级团结和谐的气氛。实际上，学生做出选择并不是完全随意的。在尊重游戏规则的前提下，我提了一些道德方面的要求试图以此影响学生的行为，比如谦让、照顾、友爱等，这样可能比规则更有约束力。

与其说这是一次自由选择，倒不如说是一次良心选择。结果如何呢？

抽到一号签的是一位个子不高的漂亮女生，在众目睽睽之下，她放弃了前排的最佳座位，选择了她习惯坐的第五排（倒数第二排）。

这是一个非常重要的示范。她的选择为后面的同学定了调子，那就是尊重习惯，尊重他人，顾及后面同学的情绪。在所有人的注视（其实这也是一种压力）下，这个幸运儿放弃了公认的最好的座位，而选择了一个相对较差的位置。换言之，她把好座位让出来了。这种姿态，不仅感动了在场的同学，也感动了我。我觉得这次冒险是值得的——每个人都必须在集体面前交出一份良心答卷，这是最好的教育。

座位一个接着一个被选走。最让大家感动的事情发生了。

第二排有一个座位始终空着。随着剩下的空位越来越少，这个座位变得越来越显眼。

小马是倒数第三个选座位。一般如果不出意外她只能坐到最后一排去。但是，此时的班级氛围已经不像刚开学时那样了。身材娇小的小马第一天坐到最后一排的状况给新班级的全体同学都上了一课。在接下来的几天中，无论她来得早还是晚，都有一个较好的座位留给她。这已经成为班级里不成文的规矩了。再加上小马自己努力早到，没给别人带来多大的麻烦，定位效应在她身上尤为明显，那个始终空着的座位其实就是小马每天坐的。

所有人都看着那个座位。当小马最后“选”走那个座位时，大家似乎都长出了一口气，不约而同地鼓起掌来。我的新班，打赢了第一仗！

座位全部选定后，我总结道：“同学们，现在你们能猜到为什么一开始我让你们抢座位了吗？我想通过这样一个游戏让所有人明白，这个世界上没有什么是你天生应该得到的，所有的利益都要靠大家努力争取。当然，要通过正当的手段。我更想让大家明白的一个道理是，这个世界上有太多的东西比眼前的利益更重要。我们在努力付出、争取成功的同时，别把这些宝贵的东西丢掉了。这次选座位对大家都是一次考验，我非常高兴，大家都圆满地通过了考试。”

利用班级管理提升学生情商的关键在于教师的教育意识和思想境界。我们应该意识到，学生的情商和道德水准，是比任何规章制度都重要得多的管理力量。如果教师把管理与情商结合起来，那就是非常好的教育了。情商教育可以与班级管理中的大部分内容相联系，学生大量的行为问题，如迟到、插嘴、逃避做值日、不能善待他人等，都可以从情商培养方面找到新的教育切入点。

我们要利用班级中的小事，随时随地教育孩子要做到热情、有礼、善于理解他人，考虑他人的感受……这些行为并非是被动地去做，也并非为了达到什么目的、获得什么奖赏而刻意地去做，做的时候应该有一种发自内心的愉悦感觉。

四、体验活动是最好的情商教育

开展班级活动是培养团队意识、增进同学感情的重要方式。其中，体验活动在情商教育中尤其重要。下面的案例是我在班级里做的诸多帮助学生提升情商的活动之一。

【案例 7–5】交换友谊

新的一年即将到来，班级组织了不少迎新活动：美化教室、墙报出新、装点圣诞树、举办元旦联欢会，可谓丰富多彩。我又特意在系列庆祝活动中增加了一个环节：交换礼物。

游戏规则是：事先准备好写有学号的小纸条，放在一个口袋里，让学生随机抽取。我也有一个号码，是 0 号。每个人都必须给与抽到的学号对应的同学准备一份新年礼物，在迎新联欢会上当面送出。保密原则是，你不能把抽到的学号给别人看。你只知道自己要给谁送礼物，但你并不知道谁会给你送礼物。

这个游戏最大的亮点在于，你抽到的人可能是你的好友，也可能并不熟悉，不过在送完礼物后你们的关系就近了一层，因为这可以看作“有缘”。如果你想送出一份让对方满意的礼物，就必须花点儿心思，了解对方喜欢什么、需要什么，或者你想向对方展示什么。活动可以增加你对同学的了解，同时也可以向他人表现你的用心。

创意虽好，但根据过往的经验，如果不加以引导，也可能会引起尴尬。我对同学们说：“你如何对别人，别人就会如何对你。首先要用心，不要随随便便找一个东西送出去。如果你很随意，送出去的东西很烂，就会破坏你在别人心中的形象。受损失的不是别人，而是你自己。礼物不在于是否贵重，关键是要用心。”我再三强调了必须保密，一定要等到送礼物的时候才拿出来，这样才会有惊喜。

我特意要求，礼物不要太贵重，最好不超过 20 元，鼓励自己制作礼物。礼物要有包装，并且要附上给对方的祝福语，以显示你的诚意。我把这些要求也告知了家长，让家长多关心。

新年到来前一周抽签，为的是让孩子们有充分的时间准备。我想这个准备的过程同样也是很有意义的。抽签过程中我严格监督，不得提前“剧透”。我也参与了抽签，抽到的是 1 号，与 1 号对应的是一个女生。我不露声色地把纸条藏好，但是我不知道谁抽到了我的 0 号，一切要等 12 月 1 日那天揭晓。

此后几天我从不少家长那里都听到了一些关于孩子准备礼物的消息，看来大家还是蛮用心的。在这个组建不到一学期、还存在诸多问题的班级里举办这样的活动，无疑可以改善同学间的关系，提升同窗友谊。其实交换的不是礼物，是一份心意。

联欢会上，交换礼物被主持人放在最后一个环节，这显然是要把迎新年活动推向高潮。送出一份礼物，收获一份友情。我用心，你用心，大家用心，全班开心。

交换礼物的场面非常热烈，也充满惊喜，因为所有谜底都是在现场揭晓的。我终于知道是谁送我礼物了——我的号码居然被班长抽中了，我工作中最信任、最得力的助手有机会再一次向老班表达心意。而我精心准备的礼物，也让那个女孩备感幸福。缘分这东西真是奇妙，居然出现了互相抽中对方的情况，还出现了几对有趣的组合。我一个不落地给所有“有缘人”拍照留念，看着孩子们脸上洋溢着幸福，我也非常开心。交换一次礼物，将一些原来联络不多的同学变成了朋友，让一些本来关系就好的人变得更加亲近了，真好！

任何活动，只要用心设计，用心准备，都会取得满意的效果。活动虽小，意义不小。

五、情商教育就在与学生相处的每一天中

进行情商教育是需要抓住机会的——和学生相处的每一天都可能蕴藏着这样的机会。优秀的教师有独特的眼光，能发现非常细小的教育机会，把普普通通的每一天都过得很精彩。

【案例 7–6】最后半节课

6 月 6 日，六六大顺，这应该是个大吉大利的日子。而今年的这一天对我来说更有一番特殊的意义，因为这是我的学生在学校的最后一天

了——明天他们就要走进高考的考场。

和往常没多大区别，上午半天都排满了各科的辅导，我这个班主任只有在放学后才有机会进班讲话。

该说的话早已说完，最后还能说点儿什么呢？明天就要高考了！

一早起来，便开始实施我的计划。虽然我只有一点点时间和孩子们相处，但这最后一班岗，还是要站好的。

我开着车，满世界寻找我要的东西。

第一站，粽子专卖店。临近端午，买粽子的人很多。粽子都是刚煮好的，按班级人数买了一大包，火腿鲜肉馅的，好吃，寓意更好。吃粽子就要考中哦！

第二站，糕点店。云片糕，依然是按班级人数购买。独立包装的，一人一块。一块糕，一个粽子，这是我给孩子们准备的最后一份礼物，寓意“高中”，读完高中，高考要“高中”。到了这个份儿上，别说我迷信，这是一种精神寄托，是给孩子们一些积极的心理暗示，会有用的。

第三站，文具市场。我看中了一款漂亮的小礼品袋，虽然价格不菲，还是咬咬牙，买。把两样食品装在好看的袋子里，又精致又方便。

最后，又买了透明笔袋，用来给学生装文具、准考证、身份证等。在众多品牌中我挑选了一款最好的考试专用笔，按人数买下，一人两支。

东西置办齐，心里踏实了。赶紧往学校赶。

拎着沉重的袋子，头顶着烈日，汗流浃背，心里却是沉甸甸的幸福，宛如给女儿准备嫁妆的老父亲。

我的这四样东西——透明笔袋、签字笔、云片糕、粽子，被同事们演绎出一句话——“包（笔袋）你必（笔）高（糕）中（粽）”，真好！

临近放学，我缓步走向教室。孩子们都在静静地等我，等着他们的老班给他们上最后一节班会课。我说，我只有半节课时间，只能和大家说一会儿话。

有学生带来了相机，咔嚓一声，把我站在一大排漂亮的礼品袋后面的画面定格下来了。我想，这是我在这间教室里最后的身影。三年来我为孩子们拍下了超过六千张照片，我却很少出现在其中，往往我只是那个拿着相机的人，为我的学生留住一个个瞬间。这张照片，实在是难得！

站在讲台前，还没有开始说话，底下就开始鼓掌，掌声一直不断。我说，你们别再鼓掌了，再这样，我要流泪了……话还没有说完，泪水却已涌出。“孩子们，我爱你们！”别奇怪，每到此时，我都会这样。我很幸福，因为我还站在讲台前，面对着我的学生，我从未离开过他们。

今天的班会课，我没有太多的话要说，看五分钟视频吧。打开电脑，画面和音乐一出现，全场默契地“啊”了一声，响起掌声。我播放的是《龙樱》最后一集的最后五分钟。这部电视剧，孩子们太熟悉，也太喜欢了。在电影课程中，这是给他们印象最深的一部——一群被所有人判了“死刑”的差生，在樱木老师的带领下，为改变自己的命运做着顽强的努力。最后，有成功也有失败，但无论成败，所有人都在这一场拼搏中重新认识了自己，找到了自己的人生价值。这一场洗礼，对每个人都有着非凡的意义。这，也许就是高考带给每个学生最大的收获。我这些学生，像极了《龙樱》里的孩子。剧中大量的情节和心情，学生们感同身受。樱木老师最后对学生们说的话，正是我想对他们说的——“考试，只有一个正确答案，而人生，却有多种可能。无论你做出怎样的选择，都是正确的。”

我精心安排了这个环节，通过短短的视频，把我的心意完全表达出来了。从孩子们专注的神情中，我看出他们懂了，他们终于知道了老班的良苦用心。

高考，是一种生存态度，是一种精神，是一个过程而非结局。我想，这群基础薄弱的孩子在为高考拼搏的这几年里，收获了远远比分数更重要的东西。这些，将是他们终生的财富。我很欣慰，这群孩子没有让我失望，他们身上表现出来的斗志和精神，让我体会了教育的美好。从班级组建到最后这半节课，自始至终，这种精气神一直在这间教室里回荡。此刻，孩子们没有任何疲倦、消沉、厌烦，最多只是一种不舍。孩子们的眼中闪着泪花，静静地度过最后的电影教育时光。

不看结果，我已知道，他们是成功的，我也是成功的。

掌声再度响起，不过，这次掌声却别有一番意味，那是在为自己喝彩！

让我们最后一次留影，在这间我们曾经奋斗过的教室里。

我站在一张凳子上，从高处往下拍下了孩子们最后一次上课时的情景。教室后面的黑板上写的是最后一期黑板报的主题——“六月里，我们去飞翔！”

我与学生再一次重温——
我不去想是否能够成功，
既然选择了远方，
便只顾风雨兼程。
我不去想能否赢得爱情，
既然钟情于玫瑰，
就勇敢地吐露真诚。
我不去想身后会不会袭来寒风冷雨，
既然目标是地平线，
留给世界的只能是背影。
我不去想未来是平坦还是泥泞，
只要热爱生命，
一切，都在意料之中。

孩子们一个一个走上来，我把礼物逐一递过去，和他们紧紧握手，再说上一句祝福的话——加油！好样的！没问题！……直到一个女生走上来，“老班，抱抱！”那就给个拥抱吧，祝福你，孩子！

就这样，每一个孩子都从我手中接过礼物，接受祝福。我想，我一直在传递，传递一种力量，一种精神，一种百折不挠的勇气。这是我应该带给他们的，因为，我是他们的老班。

班上最调皮、被我批评最多的那个男生，走上来二话没说，一把紧紧抱住我。底下的同学先是一愣，片刻之后，热烈的掌声响起。我只说了一句话：“是男人，加油！”

明天，高考。孩子们，别惊慌，别焦虑，即使一夜无眠，第二天也能精神百倍地走进考场。没有什么可以阻挡你们，因为你们已经是自己的主人。收拾好行装和心情，我们——出发！

我们需要抓住一些机会和细节，也要善于寻找寻常生活中的教育资源。在高度紧张的学习生活中，积极的心理暗示必不可少，包括赋予普通物品特殊的含义，或者用经典的台词鼓励学生。本案例说明，教师细腻的情感必然会对学生产生潜移默化的影响。我们希望，受过良好教育的学生，不仅具有高智商，更应具备高情商。情商教育并不神秘，它就蕴涵在教师与孩子们一起走过的每一天中。

第八章

惩戒是完整教育的需要

没有惩戒的教育是不完整的教育，但如果只剩下惩戒，那也就不再是教育了。惩戒只是为了矫正学生的不良行为，提升其素质，而不是为了打击学生。

对“惩戒”这个概念，教师需要认真理解。狭义的惩戒局限于具体惩罚的行为，如罚站、罚抄、罚跑等。广义的惩戒包含了更多教育的意蕴，包括谈心、宽恕、反省、谴责、以积极的行动弥补过失，等等。可以说，惩戒本身就是一种教育，它具有高度的艺术性，也是教育中最需要把握尺度的行为。本章中论及的惩戒，都不是纯粹的技术上的指导，大多是从人性的角度予以分析，探索惩戒在教育中的真正价值。

一、有时候，不罚比罚好得多

学生犯了错误，是不是就一定要予以惩罚？我认为，这个问题不能一概而论。如果犯错与惩罚形成了唯一的对应关系，那么无论以何种“创新”的方式实施惩罚，都只是技术上的问题了。而教育偏偏又不仅仅是技术，它更是一门艺术。其实，对犯错误学生的教育，绝非只有惩罚一条路。而非惩罚式的教育，往往效果更好。我曾经在网络上发起“不惩罚学生实验”，很多参与实验的教师都感觉到难度很大。教育需要惩罚的概念，在很多教师心中已经根深蒂固，不少人甚至觉得，一旦离开了惩罚，教育和管理都做不下去。

我开展这项实验，并不是否定惩戒在教育中的作用，而是想探寻更多的教育途径。因为一旦惩罚成为唯一的教育手段，无论是从实际效果还是教师教育智慧的提升来看，都不是什么好事。

在很多案例研究中我们发现，“宽恕”在教育中发挥着异乎寻常的作用。但是，一个更有意思的问题出现了：宽恕是不是就简单地等同于不处罚？或者说，宽恕与惩罚是不是对立的？无论是从案例的发展过程和最终效果分析，还是从我自己的思考感悟来看，答案都是非常富有哲理性的，即宽恕本身就已经是惩罚了，只不过是一种间接的惩罚——“心罚”。惩罚让学生明白犯错是要付出代价的，它起到的直接作用是学生因为害怕被惩罚而不敢犯错，从而使错误的行为得到矫正。而宽恕意在“唤醒”，它会激起人的羞耻之心，促使学生自我反省，良心发现，并因为被宽恕而心存愧疚与感激，以此激发从善的心理。我认为，能使人知耻的惩罚才是教育需要的惩罚。

当然，没有任何一种惩罚措施在任何情况下、对任何人都能产生好的效果，包括宽恕，也可能不被一些学生理解，起不到唤醒的作用。教师在使用惩罚措施时，必须研究学生和事件，具体问题具体分析。

【案例 8–1】老师，你不能罚他！

早自习，大家读书很认真。我站在讲台前静静地欣赏着。在这样一个爽朗的清晨，我认为没有什么音乐能比校园里琅琅的读书声更美妙的了……

一声刺耳的“报告”，让宛如天籁的读书声戛然而止。全班同学的目光“唰”的一下，聚焦在门口。

小陈站在门口，似笑非笑，忸怩作态，不知道是满不在乎还是在自我解嘲。

小陈喊完“报告”，还没有得到允许，自作主张地就要迈步走进教室。

我看了他一眼，用眼神阻止小陈。小陈的一只脚悬在半空，一时竟不知道该怎么办。经过了短暂的思想斗争，他的脚还是留在了门外。

这不仅是班主任的权威，更是规则的力量。迟到了该如何处罚，本班有公开、明确的说法，规则面前，谁也没有特权。

本班关于早晨迟到的管理规则是这样的。

①扣常规评分10分/次。

②在教室外站10分钟。

③第二天带领同学早读。

小陈今天迟到了，他首先要在门外站10分钟。

一个小插曲眼看着就要过去，同学们的眼光又回到了书本上，早读正要继续，一个声音却在教室里响起："老班，今天你不能处罚他。"

这句话让本已基本恢复平静的课堂再次骚动起来。我抬眼一看，团支部书记站在那里，心平气和地看着我。

看到我还有些疑惑，团支部书记继续用她平静的声音提醒道："我们每个月都有'无理由迟到指标'，所以，今天你不能处罚他。"

我顿时明白过来。

原来，我班在每一项违纪处罚规则的后面都附加了一个"补充说明"。关于处罚迟到的补充说明是："每个同学每个月有两次免予处罚的指标，第三次迟到方实施上述处罚。指标当月有效，不累积。"

为什么有这样的补充说明呢？因为"凡事都有例外"。学生上学时会遇到各种情况，如果只要迟到就处罚，看上去是严格要求，其实既不合情，也不合理。给学生免予处罚的指标，就是把这些特殊情况考虑进去了，是把人文关怀写进了制度。

我感到很不好意思："对不起！我忘了今天是1号。请进来吧！同时请接受我的道歉。"

小陈的脸上闪过一丝不易察觉的微笑，大摇大摆地回到了座位上。全班同学都在向小陈行注目礼……

【案例分析】

没有处罚不代表没有教育，教育也不一定非要你承认错误。案例中的小陈看上去满不在乎，实际上他有着丰富的心理活动。

首先，他会怎么看他的班主任？班主任是公平、公正的，错了还会道歉。这样的班主任会给他以安全感。

其次，他会怎样看这个班级？他心里应该明白，他的迟到让正常进行的读书活动中断，给大家制造了麻烦，但大家都原谅了他。班级对他是宽容而友善的。这样的班级，也给他以安全感。

再次，他会怎样看团支部书记？团支部书记是负责管理班级纪律的，小陈平时就调皮，经常违规，令班干部很头疼。但是，团支部书记今天却为他仗义执言。此举一定会令小陈感动，同学之间的关系也会有所改善。

我们再来分析一下其他同学的心理。对这件事的处理，全班学生都看在眼里。他们会怎么想？今天是小陈迟到，明天就有可能是我，谁都不敢保证一次都不迟到。当我自己迟到时，我希望别人怎样对待我？谁都希望得到公正的待遇。所以，此举也教育了全班同学。

至于我自己，错了就是错了，要勇于承认。教师也是普通人，也会犯错。真诚地在学生面前认错，对建立自己的威信，只有好处，没有坏处。

以上这些教育效果，都是用“罚”达不到的。你罚了他，他就没有心理负担了。我错了，你也罚了，两不相欠。班主任要学会不按常理出牌，有时候，不罚确实比简单地罚效果好得多。

班级管理制度应该是健全的，但要尽量少处罚学生。优秀的班级应该有一种强大的气场，让身处其中的学生“不好意思犯错误”。

二、没有规则，不予处罚

对班级还没有具体规定的违规行为，不予处罚（违反学校纪律的行为除外），即“不知者无罪”。这一点很重要，是所有规则之上的规则。

为什么对没有具体规定的违纪行为不予处罚？因为师出无名，表明班级管理上有漏洞或盲区。对某个首次出现的违纪行为，若没有对应的处理办法，班主任不宜做情绪化的处理，意气用事。对违规违纪行为的处理也要讲究“有法可依、违法必究、执法必严”。如果没有“法”，那这次可以不罚，但是，应据此设立规则以填补空白。

【案例 8–2】午休时玩“三国杀”，罚还是不罚？

有一段时间，一种叫“三国杀”的游戏成为学生尤其是男生的最爱。学生迷上“三国杀”后，不能控制自己，课间、午休甚至上课的时候都在玩。

有一天午休时间，班上居然有 6 名男生聚在一起玩“三国杀”，被我当场发现。换了别的班主任，或许会很生气，狠批一通，然后让学生写检查、告知家长，等等。而我却做出了“不处罚”的决定。因为此前班级虽然规定了不能在教室里玩扑克牌，但是对此并没有明确的处罚规定。学生或是无意，或是有意“钻政策的空子”。不管怎么说，我不对学生的动机妄加猜测，也不随意地处罚学生，而是和学生一起着手解决问题。

我首先和男生们简单地谈了一下，对事件做了一个定性：校内是不能玩这类游戏的（学校有规定）。这一点他们都没有异议（首先达成共识）。然后我们讨论如何制定规则。学生你一言我一语，说了好几条。我说：“好吧，我回去整理一下，下次就按照大家讨论的规则办，谁再违规就处罚谁。这次不予追究。”

这次虽然没有处罚他们，但是，我仍然采取了一定的教育措施。这种措施就是民主协商，讨论下一次出现这种违纪行为时，该如何处罚。学生自己参与规则的制定，这本身就是一个教育的过程。这样的做法有利于矫正学生的违纪行为，培养其规则意识。

三、处罚的原则

学生在成长过程中肯定会犯错误。人的成长和成熟，其实就是在不断纠错中进行的。在集体生活中，为了让学生学会担当，对自己的行为负责，我们需要用各种制度规范学生的行为。如果学生违反了纪律，教师要视情况予以必要的教育和惩戒。

重要的不是如何处罚学生，而是制定规则的原则和规范的处理程序。原则和程序保证了班级有序运转，学生对自己的行为结果有预期，处理的过程要公正、规范、民主。这些基本原则和程序如下。

（一）提醒在前，警示在中，处罚在后，教育贯彻始终

学生的违纪行为分为有意识的和无意识的，情节有轻有重，危害有大有小，不能简单地一刀切。实施具体的处罚是最后一步，在此之前，有很清晰的处理步骤，即“提醒在前，警示在中，处罚在后”，整个过程中都要有教育。

1. 提醒

学生出现了违纪行为，如果情节不是很严重，教师要先予以提醒，只要提醒奏效，则不必处罚。提醒措施有：

①教师停止说话或授课，盯着学生看。

②教师走向违纪的学生，站在他身边。

③语言提醒。可以直接点出名字，请他注意。例如：“××，请不要继续说话影响课堂纪律了。”

2. 警告

经过教师的提醒，一般情况下，大部分违纪现象可以得到控制。如果提醒没有起作用，则需要对其进行警告。

警告的典型句式是“如果……那么……”。

警告比提醒的语气要重，因为警告是实施处罚的前奏。可以多次警告，但如果警告无效或效果维持时间越来越短，则必须进入下一个步骤。如果学生能改正，教师可以及时加以肯定，变批评、警告为赞许。

警告还可以以书面的方式进行，可以写纸条交给学生，班级里也可以使用统一格式的警告书，供教师使用。

3. 处罚

若上述措施都没有让学生停止违纪，那就要实施一定的处罚。处罚学生，是不得已而为之。整个处理违纪的过程，始终要把教育摆在首位。事

实上，前两步走好了，真正走到第三步的情况会很少。

不少班主任热衷于研究处罚方式的花样，有些惩戒甚至还有调侃、娱乐的元素。虽然这在一定程度上减少了学生对惩戒的反感，但趣味性过强的、过于“人文”的处罚也可能会降低惩戒教育的严肃性，不利于培养学生的规则意识和对制度的敬畏之心。所以，虽然处罚形式可以有一些创新，但重点还是要关注它的教育功能。惩戒既要尊重孩子个性、保护其自尊心和人格不受伤害，又要让学生“长记性”，矫正其不当行为。惩戒不应该伤害学生的身心健康（包括显性的和隐形的），否则就不是正义的。娱乐性的惩戒不一定不伤害学生，对此，教师要有清醒的认识。

（二）循序渐进，不把惩戒一次用到极致

惩戒学生需要根据其情节轻重，遵循循序渐进的原则，不把惩戒的方法一次用到极致，在整个过程中要始终给学生改正错误的机会。

惩戒是由轻到重的，犯错误达到哪个级别，就按照事先约定好的方式处理，这是规范。每次实施处罚措施时都要告知学生，如果继续违规，下一个处罚将是什么，引导学生及时改正。以下处理方案供参考。

表 8-1　中学生轻微违纪行为班级处理方案（节选）

序号	处理方法	适用情况	备注
1	提醒	初次违纪，情节轻微，影响不大	
2	口头警告	二次违纪，情节稍重，有一定影响	
3	书面警告	多次违纪，情节较重，影响较大	固定格式的文本
4	通知整改	多次违纪，口头提醒、警告无效	固定格式的书面通知
5	书面检查	多次违纪，情节较重，影响较大	按规定格式写
6	公开检查	较严重违纪，情节严重，影响很大	全班范围
7	公开批评	情节较重，涉及人员较多的违纪事件	全班范围
8	通报家长	多次违纪，提醒无效，情节较重	电话、文书告知
9	约谈本人	提醒、警告无效	至少 15 分钟
10	约谈家长	多次违纪，提醒、警告无效，情节严重	

（续表）

序号	处理方法	适用情况	备注
11	留校反思	多次违纪，提醒、警告无效，情节较重	至少 30 分钟
12	停课反省	多次违纪，提醒、警告无效，情节严重，影响恶劣	报学校备案
13	暂扣物品	违规携带或使用物品	3 天—3 个月
14	扣分	各种常规违纪	按常规表现计分政策
15	上报学校	反复违纪，采取以上措施均没有效果	
		情节超出班级管理范围、涉及外班或校外人员	

表 8–2　常规表现计分政策

序号	内容	统计员	分值
1	独立完成作业，考试不作弊	学习委员	30—100
2	保持课堂纪律	班长	10—30
3	语言举止文明	团支部书记	20
4	按时做好值日	劳动委员	20
5	不迟到	副班长	10
6	上课、课间、午休时间不玩手机	纪律委员	30
7	认真参加晨会及大课间锻炼	体育委员	20
8	自习课、午休、晚自习时保持静音	纪律委员	20
9	放学后整理好课桌，检查周边卫生	劳动委员	10
10	其他未列入的情况	班长	10—30

【案例 8–3】对上课时违规使用手机的处罚措施

我班规定，除非因某些特殊情况，经过教师允许并在教师监督的前提下，任何教学时间段（含课间）禁止学生使用手机。在班级有明确界定的非教学时间段可以使用手机。对违规的同学予以以下处理。

①每次违规，扣常规评分 30 分 / 次。

②第一次违规，暂扣手机一周。

③第二次违规，暂扣手机两周并告知家长；违规学生写一份500字思想认识用于换回手机；班主任与违规学生进行10分钟诫勉谈话。

④第三次违规，暂扣手机一个月并告知家长；违规学生写一份500字思想认识用于换回手机；班主任与违规学生进行10分钟诫勉谈话。

以上处罚措施，对初犯者来说并不严重，意在让学生接受教训，不至于累犯。如果继续违规，处罚的力度也就逐渐增强。关于“诫勉谈话”制度，在后文会做出说明。

（三）在哪里跌倒就在哪里爬起来

我主张惩戒应该与违纪行为有一定关联。这可以让学生对自己的违纪行为有更深的印象并且知道正确的做法是什么。哪儿错了就在哪儿改正，在哪里跌倒就在哪里爬起来。类似迟到了罚跑步、罚做俯卧撑，不做作业罚打扫卫生的做法是不妥当的，只是为了惩罚而惩罚。如果早晨迟到，让他第二天带全班同学早读，既可以提高他的朗读能力，又能对给其他同学早读带来的麻烦进行补偿，这就一举两得了。

（四）注重教育和预防，惩戒重在培养规则意识而不是惩戒本身

管理学上著名的“热炉法则”中的第一条“警告性原则”指出，“热炉火红，不用手去摸也知道会灼伤人”。这就是告诉我们，要注意培养学生的规则意识，要经常分析案例，让学生从中汲取教训，惩前是为了毖后，尽量预防违纪行为的发生。事后处罚，不管方式方法如何，总是被动的。我们要教育学生，规则只会让不愿意遵守规则的人难受，一个有规则意识的人才是真正自由的人。

四、处罚方法

很多所谓的惩戒措施实际上都是教育措施，并不以实施惩罚为目的。以下列举的一些措施，无论是出发点还是措施本身，都体现了“帮教”的特点，最终目的是促进学生自我教育和自我完善。

（一）公开谴责

“公开谴责”制度是从其他领域借鉴过来的，指教师当着全班同学的面，谴责一些不良行为。公开谴责主要是班主任利用其话语权在班级里表明立场和态度，对不良现象予以警示和教育，一般不附加其他处罚措施。公开谴责分点名与不点名两种情况，后者多一些，因为很多时候不用点名学生也都心里有数。

公开谴责可以看成是对后续具体处罚措施的警示。

在【案例 8–2】中，虽然根据“没有规定，不予追究”的原则对违纪学生免予处罚，但对这种行为不能视而不见。此时就可以采用“公开谴责”的方法，告诉每一个人，这种行为是不对的，以后不要再犯了。只要不再犯，就不会受到处罚。

公开谴责其实是教师常用的一种教育方式，只是没有专门的名称。一种处罚有名称和没有名称的差别很大。有了名称，教师采用这种方式就是理性的，会引起学生的重视。学生知道自己的行为违规了，需要接受批评；教师不是无端发火，而是冷静地用语言批评违纪学生，同时警示全班。

公开谴责制度因为有了正式名称，警示力度明显增加。

（二）诫勉谈话

“诫勉谈话”也是从其他领域引进的做法，适用于矫正轻微违规行为的一对一的教育，时间为 5 到 20 分钟。在谈话过程中，班主任要明确指出学生的错误，要求其改正。

这种处理可以配合其他处罚措施进行。在诫勉谈话时，班主任可以和学生交流思想，听取学生的意见，但主要是指出学生的问题并提出改正建议。

班主任经常和学生进行类似的谈话，对这样的谈话赋予正式名称之后，就更加严肃，就成为一种正式的惩戒方法了。

（三）换个环境

学生有时受到各种因素影响，会显得非常兴奋，对教师的提醒和警告置若罔闻，或者明知道自己的行为会影响集体，但依然不能控制。对这种基本没有恶意的违纪行为，可以采取这种处理方法，一般不附加其他处罚措施。班主任也没有必要发火或者说上一堆大道理，让学生换个地方冷静下来即可。

【案例 8-4】午休插曲

中午，我在教室里值班。

不知道什么原因，小董一直在大声说笑。我提醒、警告了两次，还是没有多大效果，于是我把小董请出了教室，让他在外面站一会儿，平静一下。

我继续批改作业，过了大约十分钟，我走出教室，问小董："你现在平静了吗？"小董说："是的。"于是，我让他进了教室。如果小董进去之后继续违规，我会再次把他请出来，那就不是冷静一下的问题了。有时候，学生犯了小错误，让他换个环境自己冷静一下，然后改正过来即可。班主任话说太多，有时候并不会取得多大效果。

事情就这样轻松地处理完了，大家都很平和，没有师生之间的剑拔弩张。班级里的其他同学在正常午休，个别学生的轻微违纪行为，根本没有对全班造成影响。

（四）通知整改

"通知整改"是指，对违纪的同学不立即实施处罚，而是发一张"整改通知书"，告诉学生，他哪里做得不好，需要改进，给他改正的机会和时间。必要时，通知书也可以让家长签字。

在下发整改通知之前，教师要对学生的违纪行为予以核实、认定，发整改通知的意见可以由班主任、科任教师或班委会提出，但最后有班主任的签字才比较正规。书面整改通知可以采用以下两种方式。

第一种：

学生不当行为整改通知

________同学：

你好！

你……（违纪行为描述）

希望你接到通知后立即整改。

某某班班委会

班主任某某（签章）

日期

学生签字________家长签字________

第二种：

学生不当行为整改通知

________同学：

你好！

你的以下行为违反了班级有关规定，希望立即整改。

□课堂讲话

□上课睡觉

□上课随意插嘴，内容与本节课教学无关

□未穿校服

□抽屉未清理

□……

某某班班委会

班主任某某（签章）

日期

学生签字________家长签字________

下发整改通知，值勤班委要有记录、跟进，对改进情况要作出评价。如果还是没有进展，班主任再做进一步处罚。为保证效果和严肃性，只有情况比较严重时才发整改通知，一般情况下口头提醒即可。

没有任何一种方法是完美的，必须多种方式配合使用。

（五）为班级做一件好事

学生犯了错误，不仅对自己的成长不利，也给其他人制造了麻烦。为了弥补错误行为造成的损失，可以采取让犯错学生为班级做好事的方法，以实际行动取得大家的谅解。这样，学生有了“立功赎罪”的机会，集体也因此而受益。

这种方法是学生最愿意接受的，效果不错，所以也最常用，一般与诫勉谈话组合使用。

面对学生的违纪行为，班主任自己要心态平稳，既不要急躁或过度焦虑，也不要视而不见。要运用规则，该怎么处理就怎么处理。只要学生明白自己的过错在哪里，在接受班主任的教育和相应的处罚之后改过来即可。

五、惩戒的公正性比惩戒本身更重要

关于惩戒教育，有以下几点需要注意。

第一，惩戒不能伤害学生的身心健康，这是底线。“伤害身心健康”的行为除了不当的体罚，还包括用语言或肢体语言羞辱学生，令学生当众出丑、难堪，侵犯学生的隐私权等。

第二，惩戒必须公平、公正。公平就是不偏不倚，“两个学生犯了同样的错误，一定会受到同等程度的处罚”。公正就是对学生的惩戒不仅要公平，更要正义、合理。只有正义，才能引人向上向善。

第三，惩戒方式必须是学生能够接受或承受的。

第四，应该给学生提供可以选择的惩戒方式。

第五，惩戒应该与其他教育措施同时进行。

【案例 8–5】教师迟到，罚自己做俯卧撑

一则关于教师迟到后做俯卧撑的新闻曾经引起热议。说的是一位女教师在班上规定，迟到的人必须做俯卧撑，迟到一分钟做一个。有一天教师自己迟到了 20 分钟，她就真的当着全班同学的面做了 20 个俯卧撑。有些同学在旁边劝这位老师不必如此较真。但是，老师说定了规矩就要遵守，教师也不能例外。

面对网上一边倒的点赞，我们还是要保持清醒的头脑。这位教师的行为无疑是公平的，但公平的行为未必就是公正的。

公正的规则有两层意思，一个是制定程序是公正的，第二个是内容本身是正义的。我们来分析一下。

首先，规则是谁定的？

既然规则是用来约束教师和学生的，那么当然应该由师生双方共同商议制定。但这条规则经过学生的讨论了吗？学生（绝大多数）都同意吗？显然没有。这是教师自己定的规矩，教师自己想怎么定就怎么定，根本不尊重学生的权利。所以，从程序上看，这条规则不能被认为是公正的。

其次，规则本身是不是合理的？

不论原因，没有例外，只要迟到就做俯卧撑，迟到几分钟做几个。做了俯卧撑就没事了。这样的规定本身就不合理。迟到的原因可能是多种多样的，有的属于不可抗力；对迟到的处理也可以是多种多样的，不是做俯卧撑一种。这种处理方式，无疑是剥夺了学生的解释权和选择权。整个过程只有惩罚并无教育。以罚代教的非职业行为，正是教师需要极力避免的。

再说处罚方式本身。从报道上看，这位教师一口气做 20 个俯卧撑不成问题。但是，自己能做不代表学生都能做。如果是个做不了几个俯卧撑的同学迟到了 20 分钟，那么她（他）如何完成这样的处罚呢？这不是让她（他）当众出丑吗？被罚者难堪，旁观者起哄。所以，这样的处罚不正义。如果是个做俯卧撑的高手，做多少个都无所谓，这样的处罚对他就不起任何作用。

公平，往往披着美丽的外衣，很能迷惑人们的眼睛，所以，要警惕教育中公平名义下的不公正，这是对学生和对教育隐形的伤害。

第九章

学生行为问题的分类及转化

班级里每一个孩子都是独一无二的，有的学生很有亲和力、很合群，甚至很有趣。他们是大人眼中的好孩子，老师心中的优秀学生，也是同学的好伙伴。但是，每个班一定也有一些孩子，他们或特立独行，与众不同，或性格叛逆，难以管教，总之，他们是一群在常人眼中多少有点儿怪异的孩子。而在一名优秀教师的字典里，不应该有“奇葩学生”的词条。所有的行为都可以得到解释，所有的表现都有合适的理由。我们觉得学生奇怪，是因为我们没有进入他的世界，没有读懂他。这其实是我们的工作没有做好，我们不理解他们，却给他们贴上了“不可思议”“难以理喻”的标签。一把钥匙开一把锁，凡事都有原因，只有找到他们身上真正的问题，才能制定有效的帮助方案，也只有在学生可以接纳教师的前提下，方案才可能落实。以下几类学生是教师多少都会碰到的。我们需要研究的，不仅是解决方案，更是要找到打开他们心门的那把钥匙。

一、叛逆的学生

叛逆心理较严重的学生往往是最令人头疼的，班主任常常会觉得无从下手。其实，只要弄清楚学生叛逆的原因，并采取合适的措施，叛逆学生的问题并非无解。

叛逆是人在成长过程中的一种特殊的心理及行为状态。人的叛逆期一般可以分成三个阶段：3 岁左右、10 岁和 13 岁左右，分别称为“执拗期”“准大人期”和“青春反叛期”，每个阶段各有其表现特点和心理背景。第一个阶段的孩子还没有入学；第二个阶段的孩子力量弱小，还比较容易控制；第三个阶段到来时，孩子已经进入中学，身体开始发育，力量明显增强，变得难以控制和驯服，这时家长和老师会感觉问题格外棘手。

其实，简单地用年龄段划分孩子的叛逆期并不合理，因为同一个班级的孩子尽管生理年龄差不多，但心理年龄却有很大差别。班主任只能观察到一部分学生有叛逆行为，而大多数学生则没有，原因不仅是叛逆期的出现时间因人而异，还因为学生的个性不同，有人表现得比较明显而另一部分人的叛逆行为则不易察觉。

明确这些基本事实是非常有意义的。既然叛逆几乎是所有人在成长过程中都要经历的，而且对绝大多数人来说，只是阶段性的，并不会最终形成稳定的反叛性格，那么，教师首先在心理上就要接受学生叛逆现象的存在，不要把叛逆的学生当成异类。正确的理解是：正好在你所带的班级里，这几个学生正处于这个时期，而且表现得比较明显，而其他一些孩子，他们的叛逆可能是比较隐性的，可能还没到叛逆期，也可能已经过了叛逆期。仅此而已。叛逆行为是叛逆心理的外在反映，但并不是所有的叛逆心理都会以具体行动表现出来。叛逆行为是可以观察到的，本章更多的是研究针对学生叛逆行为的教育方案。

学生的叛逆行为可分为以下两种情况。

第一种，不具有明显的指向性，不针对某些固定的人群。他们对什么都看不惯，热衷于唱反调、对着干、标新立异，即使对同龄人也是如此。这样的人是不讨人喜欢的，这种不被待见又加重了他们的反叛行为，在一次次恶性循环中渐渐形成稳定的叛逆人格，这种情况最令人担忧。

第二种，对某些人有叛逆行为，对其他人则没有。比如，抵触家长，但还比较听老师的话，或只愿意听某一位老师的话，等等。

很多叛逆学生同时也是个性较为鲜明的学生，他们往往有主见，有独立的思想，也有一定的能力和才艺。他们叛逆的原因其实并不复杂，可能就是有些诉求没有得到回应或满足，才能得不到发挥，在班级里找不到应有的地位，等等。再有就是他们不一定是有意和教师对着干，只是不愿意不经过思考就全盘接受成人的意见。他们不是温顺的羔羊，而是难以驾驭的烈马。

对学生的叛逆行为，班主任不要急于给这些行为贴上不好的标签，而是要先思考，叛逆行为虽然令人烦恼甚至有一定的破坏性，但并非一无是处，有的还有一定的合理性。比如，有些规定本身就不科学、不合理，大多数学生选择忍气吞声，但有些学生则大胆地将自己的意见表达出来。

同伴、学校环境、家庭环境、社会环境对学生叛逆行为的影响也非常大。家长和老师的不当处置也往往成为学生叛逆行为爆发的导火索。

基于以上分析，在疏导叛逆的学生时应该注意以下几点。

（一）了解叛逆的原因

叛逆行为的产生有一定的基础和诱因，只有搞清楚这些，才有可能采取有针对性的帮教策略。

研究的重点是学生的家庭背景、成长经历、生活环境、社交情况、个性素养等，调查的手段包括谈话、文字交流、网络交流（以上是三种最常用的沟通方式）、家访、电话访问等。班主任需要弄清楚的是：他为什么会有叛逆行为、从什么时候开始的、对什么样的人有叛逆行为。

（二）适度容忍，不一味弹压

如果教师觉得叛逆的学生挑战了自己的权威，损害了自己的威信，出于维护面子的考虑，往往会动用职业权威和行政力量将学生强压下去。强压的后果可能有两个，一个是学生的行为得到了控制，另一个是招致学生更为激烈的反抗。无论出现哪种局面，其实都是没有赢家的。第一种情况，学生口服心不服，为班主任以后的工作埋下了隐患；第二种情况则有可能导致严重的后果。

面对学生的种种行为问题，教师要表现出良好的职业素养（尊重、理解、宽容）和一定的专业知识（明白学生的叛逆是有原因的、阶段性的），“适度容忍”是其中之一。

容忍不是忍气吞声，不是纵容；“适度”是指有原则、有边界，在可控制的范围内。适度容忍，不仅仅是对学生的行为表现出一定的弹性和宽容，同时也要指出学生的问题，并且明确告知学生底线在哪里。

班主任不能和学生斗气逞强，更不能以战胜学生为目的。“战胜”了学生，问题并没有得到解决，反而会变得更加严重。

（三）适当放一放、等一等

教育讲求节奏感，符合学生成长节律的教育才是美的、有效的。对叛逆学生，既然不能一味强压，那么最好的方法就是不用方法。在合适的时候引导一下，在不合适的时候适当放一放，以给学生自我调节、自我教育的时间。教师适度关注、呵护，陪伴学生平稳地度过了这段“不安分”的时期，可能就海阔天空了。有的问题，特别是非原则性的问题，不一定要立刻分出是非曲直。事实上，过度干预往往是加重学生叛逆的重要因素。班主任一定要避免步入“越教育，越反叛”的恶性循环。

（四）与学生进行平等的交流

经常和学生进行漫谈式的聊天，做平等的对话交流，这是疏导心理的好方法，也是解决学生叛逆问题的有效途径。

（五）做好家长的工作

家庭教育不当是造成学生叛逆的主要原因。一些家长没有相关的知识和经验，只是直观地感觉到孩子不像过去那样听话乖巧了。其实，这正是孩子长大的标志。班主任在和家长沟通时，不仅要和家长交流方法技巧，更关键的是要让家长明白一些常识。班主任和家长不能各自为政，要配合起来，方向一致。可以请一些这方面做得好的家长介绍经验，让家长之间多交流。小范围、有针对性的小型家长座谈会、网上家长交流等，都是效果不错的方式。

（六）选择适合的帮助伙伴

大多数学生的叛逆并非针对所有人。班主任自己可以成为学生最信任的人，也可以发动第三者做工作，对叛逆学生实施引导、帮助。伙伴的影响是巨大的，班主任要仔细观察，用心寻找合适人选，通过结对子、选同桌等工作，不留痕迹地把教育意图贯彻下去。

（七）为叛逆的学生提供适当的发展平台

一些学生有叛逆行为是因为能力得不到发挥，才华无处施展。他们认为班主任没有眼光，看不到自己的长处，觉得自己怀才不遇，所以才会无事生非，处处和班主任过不去。学生表面的行为背后往往隐藏着这些心理原因。对这类学生，消除其叛逆行为的最好方法莫过于提供适合其特点的工作机会，让他做自己喜欢的事。学生的心理需求得到满足了，能量有了发散渠道，就能发挥正能量。

（八）改善班级环境

环境可以影响人。班级大环境如果是友善、宽容、积极向上的，学生的很多叛逆行为就会消弭于无形。班主任的目光不要仅仅落在班里几个叛逆学生身上，而要致力于营造班级整体的和谐氛围。在这样一种氛围中，叛逆学生就得改善其行为，否则就会与群体表现不协调，造成心理失衡——环境让他们不得不做出调整。

班主任可以利用的方法有组织主题班会（如感恩教育班会）、团队合作活动、社团活动、主题人物评选、舆论宣传（黑板报、班级小报）等。

叛逆很像是人在成长过程中得的某些疾病，一旦得到较好治疗，痊愈后即可获得终生免疫能力。学生的叛逆行为等于给教师出了一道难题，把这道难题解开，不仅对班级管理有利，对当事者本人的成长也意义重大。当然，迎接这样的挑战，对增长教师教育智慧的作用也是非同寻常的，所以，请勇敢地接受挑战，把它作为研究教育的宝贵资源。以下案例可以作为如何处理学生叛逆行为的一个参考。

【案例 9–1】我到底错在哪里？

晚自习结束时已经快 10 点钟了。我在回办公室的途中经过篮球场，看见很多学生在打篮球。作为年级主任，我把那些同学劝离了篮球场。等我收拾好东西返回的时候，发现还有 3 个学生在打篮球。他们刚才根本没有回去，就在路口等着。在我的再次劝阻下，两个学生回去了，可有一个还在玩。我耐心地劝他，过了几分钟，那个学生才很不情愿地离开篮球场往寝室方向走。

我走上前去问他是初几的，他很傲慢地告诉我："我是高中的。"我又问他是哪个班的，他根本不理我。见他这个态度，我追上去想拉他，他回过头来，恶狠狠地说："你不要动手，我要告你对我进行人身攻击。"

我说："我只是想问问你是哪个班的，为什么是这个态度？"

他毫不客气地说："我又不认识你，为什么要告诉你？"

我告诉他我是老师。

他说："你是老师又怎样呢？"

我说："我是老师，我可以关心你的。"

"你又不是教我的老师，你管得着吗？"

我保持克制，对他说："我只是问你是哪个班的，你就这个态度？"

他提高嗓门："我是（7）班的，你要怎样？"

我说我马上给你班主任打电话。他说你打就是了。我又问他叫什么名字，他不回答，一直往前走。

在我再三追问下，他大声说道："我叫 ×××，看你能把我怎么样！"

我说："明天先把你送到德育处教育处理了再说。"他还是头也不回地往前走。我最后对他说了一句："你们这些孩子，除了能向家长和老师撒野以外，还能做什么呢？"

他再也没有回我的话，走进了宿舍楼……

我闷闷不乐地回了家，真不明白我到底错在哪里。看来，我还是应该当个好好先生，少管闲事为好。

（案例提供：重庆市北山中学，黄基云；引用时有删节）

【案例点评】

我认为，学生的叛逆行为与教师的教育方法有关。这是一位负责的老师、年级长，但工作方法有些问题。

首先，在对待学生的态度上，应尽量就事论事，少上纲上线。作为一名教师，又是基层领导，和学生天天打交道，应该能理解处于青春期的学生的一些行为，包括叛逆、情绪易波动、挑战权威、要面子，等等。人的心理是复杂的，这给我们的教育增加了难度。教师必须明白，学生是我们的教育对象而不是敌人。

每个人站在各自的角度看待同一个问题会有不同的想法。你认为你是对的，学生认为他也是有道理的。所以，我不妄加揣测谁对谁错，仅仅从技术和方法上做一点儿分析。

我们需要反思：学生为什么会不听老师的？在什么情况下会不听？学生为什么有时候又会听老师的？在什么情况下就能听老师的？参透了这些，教师就不必为学生出现“反常”行为而纠结了，任何行为都有其合理的解释，你认为是反常，放到学生的情境中就可能是正常的。

教师劝学生晚上不要打篮球，既符合学校的规定，同时也是为学生好。但是我们还是要想一想：为什么很多学生还会打篮球？他们不是不知道学校有规定，但依然这样做了。我们可以理解为学生贪玩；一天的学习已经很疲惫了，想打篮球放松一下，等等。特别是高中男生，出现这种状况再正常不过了。

经教师的劝阻，大部分学生都回去了，但有个别学生企图耍小聪明，躲在那里，等老师离开后继续打球，这也是正常现象。教师再次劝阻，仅剩一个学生不听。可见学生的个性是不同的，胆量也是不同的。

作为心态的调整，教师可以这样想：绝大部分学生都听从了我的劝阻，说明我的做法是有效的，个别学生的问题不能代表一个年级、一个学校的风气。教师首先应该对自己满意，对大部分学生满意。

接下来就是那一个学生了。作为一个有经验的教师，第一反应应该就是他并不简单。推测学生的这个举动可能有的原因：或者心情不好，憋着一股气；或者学生本来就是个刺头，专门喜欢挑战权威。

既然学生的举动出乎教师的意料，那么就不能按照常理应对。缓一步，冷静几秒钟，想出合适的解决方法是上策。这一缓，在表现上就是不动声色地站在那里看。学生可能本来是想好了和老师干上一架，结果被教师这么一看，反而摸不着头脑，原定的计划就被打乱了。如果他就此停止打球回去，事情就解决了；如果他开口说什么或者继续打球，则教师已占据主动，可以相机行事。

教师因为和学生地位的差距，有权威感，居高临下地和学生交流是通病。但学生也有个通病，就是只认自己的老师说话。他们没有概念，就是学校所有的教师都有权管教学生。

学生一开始并没有顶撞老师，充其量有些不礼貌，没有立即停止。我们可以想象一下，男生都很要面子，被一个不认识的老师一说就走了，显得很软弱，于自己内心说不过去。但另一方面，他也知道，如果就这样僵持下去，最后吃亏的还是自己。所以，坚持几分钟后，最终学生还是离开了球场。不要小看了这几分钟，在这几分钟时间里，学生是有丰富的心理活动的，继续打球只是表象。经过反复权衡，同时又拖延了一点儿时间，也算是给自己挽回了一些面子。

事情本来可以告一段落，但教师后来的询问却引发了冲突。

教师为什么会在学生已经往寝室走的时候追问他是哪个班的呢？本来已无此必要了。解释只能有一个，那就是觉得自己丢了面子，一定要想办法找回颜面。说得深刻一些，还是教师不可动摇的权威感在作祟，不仅要解决问题，还一定要制服学生，心理才能平衡。

学生本来就憋着一肚子气，先被问是“初几”的，觉得被看轻了，再问他的班级，这不分明是要“秋后算账”吗？学生最忌讳其他老师在自己班主任面前告状。所以，为了不让冲突加剧，教师应该尽量避免用这种方式刺激学生。就算真的想了解学生的班级，可以采取的方法很多，不一定非要当面询问。

其实，若问题不严重，最好就不要追究下去了。因为即使第二天告知了班主任，班主任把学生惩罚一番，意义也不大。一来学生会由此更加记恨，二来他的班主任也会觉得很没有面子，班主任也反感别人告上门来的。自己班的学生就好比是自己的孩子，自己骂得，别人骂不得。这是人之常情。所以，此举对同事之间的关系也没有益处。

这件事说到底，问题有三：一是教师对学生的心理分析得不透；二是习惯了说一不二，对学生的叛逆缺乏准备；三是教师缺少临场应变的技巧，不讲策略，一味蛮干。

其实，解决问题的方案不止一个。比如，静观其变。教师先不发话，就看着学生打球，等待学生有进一步表现后再采取行动（不要什么“耐心劝告”，这样的劝告，把自己和学生都能劝出火气来）。再比如，欲擒故纵。对学生说：“一个人打球多没劲？来，老师陪你玩两下。”学生心里是知道不应该打球的，被老师这样一说，反而不好意思了，多半就开始收球了。如果学生不接招，那老师就陪他玩两分钟，然后说：“好了，不早了，该回去休息了。顺便说一下，你球打得真不错，你哪个班的？以后白天有机会，我们再切磋……”

说直白一点儿，对敢于挑战权威的学生，有两个办法可以奏效。一个是用强有力的手段在最短的时间里制服学生，完全压制住学生的反抗，先控制局面再说。但这样做既要有勇气，更要有底气，风险也大。另一个就是采取柔软的方法，干脆放下身姿，和学生交朋友，以心换心，赢得学生的尊重和信任。

【案例 9–2】“自杀门”事件

晚上刚从学校回到家，电话就响了，是一个“问题学生”的家长打来的。孩子的爸爸非常焦急，说孩子中午因为吃饭问题闹情绪，晚上回家后还在赌气。妈妈不敢惹他，爸爸批评了两句，孩子就受不了了，赌气地嚷着：“你把我砍死算了！你要不动手，我就自己跳下去！”说完就往窗口走。父亲吓得再也不敢说什么，只能一面稳定孩子的情绪，让妻子看着，一面赶快出门打电话向我求助。

接到电话后，我直奔学生的家。路上我一直在琢磨孩子冲动的原因，想着解围的方法。学生肯定不只是因为吃饭的事，学校里还发生过什么？和别的同学有无矛盾？……我理了下思路，心里安排了几套方案。

进了学生家门，发现气氛明显不对。孩子的大伯正在劝孩子，孩子的妈妈在旁边很焦急，但不敢说话。见此情景，我走上前去，拉着比我高一个头的大男孩儿说："走，我们俩单独聊聊去。"

在温暖的小餐厅里，孩子的情绪渐渐平稳。我故意问他："不会是因为我在课堂上没收你游戏机的事吧？"我一边说，一边把特意带来的掌上游戏机很郑重地交到他的手上。孩子一下就笑了，连说不是。

气氛缓和了，我们接着聊，慢慢进入主题。我绕开了常规的谈话主题，和他以朋友的身份讨论与老爸老妈的相处经验。我说自己也是独生子女，也曾经干过傻事，也曾很无端地憎恨过自己的父母。他们是如何毫无缘由地狠狠批评我的。他们在别人面前，从来不赞赏我、鼓励我，无论我如何努力，他们都要否定我……

孩子一下子觉得我是在说他的情况，不时充满同情地对我说："你这么可怜。"我又跟他聊起自己的性格、家庭背景、成长经历以及自己当年在做学生时对事物的感受等，都得到了他的认同。我接着说："如果我判断没错的话，这次你跟爸爸妈妈寻死觅活，估计就是想让他们急一急，发泄一下自己的压力，对吧？"他笑了。

接下来的谈话就很顺利了，他对自己的冲动行为感到十分内疚。我说："你已经读初三了，是男子汉了。你可以有自己的想法，但你应该和父母交流，不能让爸爸妈妈太操心。"他点头称是。

矛盾终于解决，我和他们一家人告别。临走前我对学生说："以后还有什么想不明白的，我仍然会在第一时间出现在你面前，我还会把你从窗口拉回来。"孩子又笑了，说："老师，不会再有这样的事了……"

（案例提供：南京市中华中学，吕姝）

班主任对处于叛逆期的孩子进行教育、引导时，要注意把握几个问题：学生个性、教育环境、教育时机和教育切入点。叛逆的学生像一座座活火山，时而平静，时而躁动。在“火山爆发”时，不可强攻，只可智取。对叛逆学生进行说教效果不大，因为他们不是不懂道理。压制也不是办法，因为越压学生的叛逆情绪越重。有时候，换一换方法，反而会取得意想不到的效果。本案例的成功之处就在于“变化”。

第一，换一个环境。当学生遭受家人、亲戚的“轮番轰炸”时，把学生带到另一个比较舒缓的环境里，可以平复学生的情绪。当学生与他人发生冲突，情绪较为激动时，换一个环境是一种较好的处置策略。

第二，换一种姿态。班主任的处理姿态是为学生解围，而不是和家人一起说教。学生感觉到老师是在帮助自己而不是火上浇油、“助纣为虐”，对老师就会心存感激，敞开心扉，坦诚交流。

第三，换一个位置。一般来说，班主任总是以教育者、强者的形象出现在学生面前，而学生则处于相对弱势的地位。本案例中，班主任与学生分享自己成长的烦恼，让学生感觉教师真实可信，甚至产生同情心。当学生有了“自己人”心理时，教师的跟进教育就会比较顺利。

第四，换一个切入点。班主任与学生对话时，没有直奔主题（因为学生已经高度敏感，筑起了心理防线），而是从“误会”（玩游戏机的事）开始的。这一误会，学生一“笑”，放松了心情，放下了戒备，为后续的思想工作打下了良好的基础。

看上去，本案例能取得成功是因为战术的灵活多变，事实上是由于班主任遵循了教育规律，顺势而为，体现了因材施教的基本原则。对几个细节的处理，值得借鉴。

二、不合群的学生

在每一个班级里几乎都有那么几个学生，他们性格孤僻或偏执，独来独往。他们是游离于集体之外的人，对班级的很多活动漠不关心，给人的感觉是比较冷漠、不合群。那么，如何帮助这些学生，让他们能较好地融入集体，和同学和谐相处呢？

（一）心态放平，举重若轻

对这些孩子，班主任首先要放平心态。只要有人群的地方，都会有这样“另类”的人。既然班级是由各种性格的学生组成的，那么班级就要能接受和容纳各种类型的孩子，为每一个人提供宽容、安全、友善的生长环境。班主任想改变学生的个性，其初衷可能是良好的，但效果却不一定理想，甚至可能是反向的。我们不能以自己的意志或者好恶去“塑造”学生，这样可能会对学生的个性发展和成长带来不利影响。

面对所谓“不合群”的学生，班主任要有包容的姿态，不必把问题想象得过于严重。不合群的孩子中只有一部分人会感受到痛苦，另一些则浑然不觉，有些还能自得其乐。除非心理问题十分严重，或者已经严重影响班级的公共秩序，班主任一般可以少介入干预，即使有所动作也要谨慎。对学生特殊的个性要关心，但不要过度。过度关注可能让学生感觉自己是个“怪人”，强化他的消极意识。有些班主任会对这些孩子表示同情，并在其他同学面前流露出来，这也是不恰当的。孩子天性安静，不喜欢扎堆凑热闹，就不应该理解为不合群。

如果确实有必要采取一些措施予以帮助，也要尽量不留痕迹。总之，重视也好，关注也好，都不要流于表面。这类学生往往比较敏感，班主任尤其要注意教育的智慧和艺术。

（二）查找原因，分类处理

造成学生不合群的原因有很多，与先天遗传、家庭教育、个人遭遇和环境影响等因素都有一定关系。所以，要对学生不合群的原因加以分类、分析。

1. 先天原因

每一个孩子都有不同的气质。生理学家巴甫洛夫把高级神经活动的两个基本过程（兴奋和抑制）和三个基本特性（强度、平衡性和灵活性）组合，构成了四种最主要的高级神经活动类型：强、平衡而灵活的类型（多血质），强、平衡而不灵活的类型（黏液质），强而不平衡的类型（胆汁质），弱型（抑郁质）。神经活动类型与个体适应环境的能力密切相关，抑郁质孩子难以适应环境，他们不愿意和别人多交流。

2．家庭原因

父母影响以及家庭环境也会引起孩子不合群。一个是父母对孩子的态度，比如，过度关切，事事包办代替；一个是父母对孩子的教育方法，比如，告诫孩子社会上坏人多，“不要和陌生人说话”；再一个是孩子出现问题时父母采取的做法，比如，小题大做、反应过度，等等。这些不正确的处理方式都会让孩子对与人交往产生恐惧。

现在的学生中独生子女较多，从小缺少同龄的玩伴，有的从小就一个人玩。独自游戏是自由的、随便的，当一个人习惯了这种生活方式后，到了学校就不太愿意与人合作、分享。

3．同伴原因

（1）“他们不喜欢我”

有些孩子因为有一些生理缺陷或者在和同伴游戏、玩耍时有过被欺负、嘲笑、愚弄或欺骗的经历，产生了对他人的不信任感，久而久之，养成了独来独往的习惯。这其实是一种自我保护过度的表现。

（2）“我看不惯他们”

除了性格孤僻之外，学生主动远离集体或同伴，还可能是以下几种原因。

①自视甚高，不屑于与同龄人交往、沟通。出于种种原因，他们对同学甚至对有些老师都不太看得惯，觉得自己和他们不是一个层次的，宁愿一个人待着，也不愿意与众人为伍。

②交往的圈子不在班级里，在班级外有好友或喜欢与校外人员交往。

③对班级情况不满意或个人诉求得不到满足导致郁郁寡欢。比如，一个从小就生活在很文明的环境中的孩子来到一个同学经常讲脏话或举止粗鲁的群体中，会非常不开心，于是选择沉默。

学生不合群的表现方式有很多，班主任要透过现象看本质，有时候即使是相似的表现，心理动机也可能完全不一样，这就需要“辨证施治”。只有准确地分析出学生不合群的原因，才能采取有效的行动。

对天性孤僻的孩子，要多关心，给予温暖，力争让他们的状况有所改善，但这种改善只能慢慢来，欲速则不达。心理学研究表明，人的气质类型也不是绝对不能改变的。这给了我们一点儿信心，同时也让我们能更宽容地对待这些孩子。

对主要由家庭原因造成的不合群，要加强和家长的沟通，家校互相配合，共同采取行动，形成教育合力。

对第三种类型的几种情况，班主任要分别采取不同的对策，或营造良好的班风，或为有才能的学生搭建更高的平台，或加强价值观、平等、互相尊重等方面的教育。

（三）营造氛围，集体感化

营造良好的班级氛围，利用集体的力量感化、改变不合群的孩子，是最重要的方法。一个团结、民主、平等、和谐的班集体，可以让每一个身处其中的人受到感染。

第一，要在班级里讲文明、树正气。对取笑同学的弱点或缺陷、欺负同学的行为要严肃处理。可以在班级里做一些民意调查，比如，“你觉得自己和班里的同学合得来吗？原因是什么？”“你在班级里感觉到幸福吗？为什么？”……分析出结果后在班会课上点评、教育。

第二，开展丰富多彩的班级活动，增强集体凝聚力，以面带点，把学生吸引过来。比如，每月组织“集体生日会”，当月出生的学生会得到大家的祝福，而到了下个月，他们又要为其他同学主持生日会。我注意到，一些平时不太活泼的学生，因为有一些“神秘感”，在生日会上往往会成为明星。此举很好地改善了不合群学生与其他人的人际交往。

第三，在组织活动时多向不合群的孩子发出邀请并强化。我的班里有个男生平时很不愿意参加集体活动。一次，班级里组织公益劳动，我特意要求“这次公益劳动只需要男生参加”，其他男同学都站起来向外走了，唯独那个男生还坐在那里犹豫不决。我对其他几个男生使了个眼色，这几个男生不由分说，过去拉起那位仁兄就走，一边走一边笑着说“是个男人就走”，这样他不得不“被参与”了一回。事后，我表扬了那几个男同学，说下次还这样半真半假地把他“绑架”。有第一次就有第二次，以后这样的活动他也就不好意思拒绝了。

（四）用心设计，巧妙帮助

学生不合群的原因是复杂的，在帮助他们时，没有统一的方法，需要班主任用心做个性化的设计，度身定制，方能收到良好的效果。

1. 设计各种班级活动

可分可合，或分或合，时分时合，让各种类型的孩子都有参与活动的机会，把为需要帮助的对象设计的活动夹杂在其他活动中，交替穿插进行，不要过于明显。比如，给这些学生分配特定的任务，这些任务有的是可以独立完成的，符合他们喜欢独自操作的特性；有的则必须通过和他人合作才能完成，完成后予以奖赏。再比如，按照学号或特定的方式组合，把这些学生“无意”地裹挟到集体活动中。

2. 组织合作学习和团队体育活动

了解这些孩子的爱好和特长，创造一些机会，让他们多表现，让大家多了解他们，也让他们找到自信。

3. 避免让这类学生落单

除了由其他同学对他们“发出邀请”之外，还要暗示或提供一些机会，让他们“邀请他人”，一旦成功便予以肯定、鼓励，强化这种行为。要让他们在集体生活中真正有成就感和快乐。

4. 借助其他教育资源

借助相关题材的影视剧、演讲视频、名人传记、故事美文，等等，通过分享这些资源，旁敲侧击，让这些同学明白道理，多多理解别人。

5. 身教重于言教

班主任平等地对待每一个学生，有侧重地多关注不合群学生，主动与不合群学生交往，给其他同学做榜样，这样做也有不错的效果。

三、屡教不改的学生

每一个做老师的都会遇到屡教不改的学生，怎么教育都没有长进，软硬兼施都没有用，不知如何是好。关于这个问题，首先要说的是，学生不是机器。机器出了问题，找到原因修理一下马上就好，而人的成长却有太多变数。这种变数，既是教育的难点，也是教育的魅力所在。如果学生“一教就改”，那教育也太简单了！“屡教不改”，才是教育的常态。

为什么学生会“屡教不改”？从教师工作的角度去分析，原因可能来自两个方面：第一，方法问题，第二，时机问题。如果各种方法都尝试了还是没有效果，那么问题可能就不是出在方法上，教师就要把注意力重点放在教育的时机上了。有时候，选择恰当的教育时机甚至比采用合适的教育方法还重要。

人的成长和变化是有一定节奏的，欲速则不达，攻势过猛会招致反抗加剧。遇到这样的情况，不妨暂时放一放，等机会成熟了再进行教育。不要盯得太紧，放松一点儿，在观察中等待机会，不要蛮干。之所以使用“蛮干”一词，是因为确实有不少班主任在教育转化学生的问题上存在着“强攻”的情况。学生犯了错误，虚心接受批评还好，一旦遇到学生反抗，班主任的牛脾气就上来了，不把你“拿下”，誓不罢休。结果带来一场耗时耗力、没有赢家的战争，双方都身心疲惫。

如果换一种思路，师生不在气头上反复拉锯，而是暂时搁置，等双方都冷静下来，再进行教育，效果或许会很好。因为在这段时间里，双方不仅情绪得到冷却，同时也进行了反思。反思之后再谈心，效果当然好。这就是一个把握教育节奏的问题。

把握节奏，适时、适度地做教育工作，可以起到“四两拨千斤”的效果，就好比荡秋千，节奏把握得好，不需要用很大的力气，只要每次把力气用在最合适的时候，几个回合之后，秋千就会荡得很高。反之，如果你踩不准节拍，在不该使力气的时候乱用劲，尽管很卖力，秋千却不仅荡不上去，反而被推得乱转。

荡秋千如是，做教育何尝不是这样？时时刻刻高度紧张地工作，转化帮教学生，并不一定就能取得好的教育效果。有节奏地在学生最需要的时候给予最恰当的帮助，宛如每次助推都是在秋千最需要发力的时候，这样的教育才是最高效的。

把握好教育的节奏，善加利用，则事半功倍。富有节奏感的教育，就像旋律优美的音乐，不仅令人赏心悦目，而且还能让受教育者的收益最大化。没有节奏的教育就成了乱弹琴，它不仅让教育的实效性低下，也打乱了学生固有的生长规律，揠苗助长，欲速则不达！

四、不懂感恩的学生

什么是感恩？感恩的字面意思是“感谢别人给予自己的恩惠”，也就是对给予自己好处或照顾的人心存感激，甚至有所回报。

父母抚育子女是天经地义的，但子女赡养父母则是人类特有的行为。在自然界里，反哺并不是普遍现象。所以，学生并不会先天具有感恩意识，这种意识多是后天培养的。

感恩教育其实更多地来自家庭、生活或宗教信仰，学校教育只能起辅助作用。教师普遍重视感恩教育，可能与他对职业的理解有关系。传统观点认为，教师向学生传授知识，教师对学生是有恩惠的，所以，学生要有感激之情。教师之于学生，就好比家长之于子女。我们教育孩子要孝敬父母，自然也要教育学生尊重教师并且感恩教师。“一日为师，终身为父”的观念影响着很多人。

这些想法当然是有道理的。但是，如果总是这样想，也容易造成教师对自己职业定位理解的偏差。教师替代不了父母的角色，教师的责任与父母的也不一样。在解决如何教育“不懂感恩的学生”的问题之前，教师首先要摆正自己的心态。我发现，很多教师觉得学生不懂感恩，实际上是指责学生不懂得感谢教师的良苦用心和倾情付出。“冷漠”是学生不懂感恩的一大标签，而“不按照教师设定的路线走”则是学生不懂感恩的另一个标签。事实是否真的如此呢？我认为不能轻易下结论。

首先，进行正常的教育教学活动以及在学生遇到困难时予以帮助，是教师的本分，无须学生给予回报。换句话说，即使学生没有回报，教师也不应给学生扣上“不懂感恩”的帽子。关于这一点，网络上一篇流传甚广的文章《如果不是真爱，就请不要当老师》中有几句话颇值得玩味。

作为一个老师，你不要对学生有太高的期望。比如，你不要希望学生在很多年以后还记着你，你不要期望学生远远看见你会主动和你打招呼，不要期待学生在公共汽车上会主动给你让座，不要期待他们在新年时向你拜年。如果有，那只是一个惊喜。

学生一生中遇见一个好老师不容易，老师一生中遇见几个重情重义的好学生也同样不易。

话说得虽然有几分无奈，倒也是实情，而我在一篇文章中说的“我因付出而幸福，不图他们（学生）任何回报”则更是采取了一种主动的态度。学生能够在教师的帮助下学业取得进步，健康成长，这本身就是对教师付出的最好回报。“健康成长”中包含了思想的成熟，感恩之心必然包括在里面。我也经常教育我的学生，帮助别人就是一种幸福。这样想的教师，容易获得幸福；这样教育出来的学生，懂得幸福。

教师不能绑架学生的情感。事实上，所有美好的感情都是在师生共处时，慢慢形成并升华的。每学期在评选“感动班级事件”活动时，我们规定必须有教师的事迹入选；每次班级中途调换科任教师时，我们都要向前任教师赠送礼物并表达感谢。类似这样的行为，就是在以实际行动培养学生的感恩之心，用评价倡导学生感恩，使学生在不知不觉中受到影响。

其次，人们往往认为，“我对你好，你就要对我好”。教师觉得最委屈的莫过于自己在学生身上倾注了大量心血，一心想让孩子变得优秀，但孩子似乎并不领情。当教师发现自己付出了许多努力而学生却无动于衷时，最容易心理失衡，认为学生是白眼狼。

这种情况也要理性分析。要想清楚，这份“额外的付出”是学生自己需要的，还是教师认为学生应该需要的？学生没有按照教师设计的线路走是不是就是不懂感恩？

所以，对“不懂感恩”的学生的教育，我的想法如下。

摆正心态，你将收获更多的惊喜而不是苦涩。教师不是为了学生的感恩而工作的。

了解学生的真实需要，有针对性地给予恰当的帮助。

让学生理解并认同你的想法，不要“不解风情”。

让生活教会学生生活。让班级里形成感恩的风尚，包括及时对师生之间、生生之间、父母与孩子之间的感恩案例进行点评，这必然会影响学生。

每个学生的个性是不一样的。教师喜欢学生将感恩之情表达出来，但是也应该理解有些学生并不善于这样表达，他们或许只是把这种感情藏在心里。今天和你最热乎的学生未必将来记得你。他们都不坏，他们都是你的学生。

教师也应该感恩学生。不要认为学生的优秀都是自己培养的，教师的所有业绩其实都是学生成就的。希望下面的案例对您有所启发。

【案例 9–3】孩子，我到底做错了什么？

阿文是我班学习上的一号种子选手。但就在上周，他来到我的办公室，对我说：“我要退学。”

“告诉老师，为什么？你知不知道，你这样做我很痛心。”说这句话时，我提高了嗓门。他扭头就跑，一边跑一边说：“我就是要退学！”

我立即通知他在外地的父亲，请他赶紧回来。

第二天，阿文来上学了。过了几天，我又和他聊了聊学习上的事，问他上次想退学的原因。他说因为他母亲盯得太紧，太烦了。我说，父母唠叨很正常，是否需要我跟你父母沟通一下？他表示不用了。我说：“我不强求你考个特别好的大学，但你应该想办法把分数尽量考高点儿，读一个自己喜欢的专业（以阿文的能力是可以考取重点大学的，但是他心智不成熟，做事很随意）。”他点头表示认可。我趁热打铁，要求他从今天开始在学校上晚自修，他也答应了。但后来阿文竟发短信告诉他的母亲，让老师不要再烦他，否则他就不读了。

我很郁闷。阿文是我班的尖子生，尽管他上课时总打瞌睡（我敢肯定他每天晚上都上网玩游戏），还是能考得很好。有一次，他没来上课，我去家访，发现他果然每天要玩游戏到半夜后才睡。

我请家长与我合作，共同监督他停止玩游戏。效果十分明显，阿文的成绩扶摇直上。

本以为水到渠成，没想到阿文在寒假里又开始玩游戏，他父亲为此还打了他一巴掌，结果他闹着要跳楼。开学后的第一次考试，他的优势已不明显。接下来的一模考试他的总分下降了30分。我对他说不要紧，恢复总需要有个过程，阿文也点头同意我的说法。但不久之后就出现了开头的那一幕。

我真的很喜欢阿文，他做事有点儿随性，有时也会违反班规，但对他的处理，我始终能把握好分寸，该罚的罚，罚完后再聊一聊，从没发生过冲突。他英语不好，我帮他找了老师单独补课，不到两个月，英语成绩从原来的70多分上升到90分左右。接着他又要求补语文，我也帮他安排妥当了。期末考试后，他还要补数学，我又请了高三数学备课组组长帮他补课。没想到寒假里他还是如此表现！孩子，你这样做我真的很心痛！作为班主任，我到底做错了什么？

（案例提供：江苏省昆山市第一中学，钟晓龙）

【案例点评】

教师想把孩子的成绩提高上去，帮助其考上重点大学，出发点并没有错，但作者处理问题时有两处明显的失误。

第一，对自己的角色定位不清晰。

因为爱生心切，又事关自己班级的利益（也就是教师的工作业绩），作者在无形中扮演了妈妈的角色，或者说，作者的表现很大程度上像是阿文母亲的行为在学校里的延续。对他有求必应，包括请老师补课。

作者和阿文的母亲很像——爱孩子，但方式不对，要么过于严厉，要么过于溺爱。他们对阿文抱有很大的期望，甚至超出了阿文的能力。这不像教师的理性思维，而更像妈妈的情感表现。

同时，阿文对教师的态度，也像对待他妈妈一样，对老师的关爱有时很不耐烦，“让老师不要再烦他，否则他就不读了”。这是孩子对妈妈耍小性子的表现，说明阿文潜意识里把班主任当作了家长。阿文知道因为自己是班级的一号种子选手，班主任很器重他，所以尽可以胡来，老师也拿他没办法。这成了作者的软肋。因为一旦阿文放弃，或者成绩下降考不上好大学，作者就会感觉自己的心血白费了，而且班级的升学率也会受到影响。

作者真心关爱学生，视学生如己出，才会为学生的不良表现而心痛。爱的立场没有问题，关键是爱的方式有问题。

班主任不能感情用事，必须摆脱功利心和溺爱的态度，理智地处理问题。要让阿文意识到自己就是班级里的一个普通学生，没有什么了不起，应像其他同学那样踏踏实实地学习。现在退学，等于临阵脱逃，前功尽弃，受损失的只能是自己。阿文已经十八岁了，应该知道为自己负责。

对阿文，换一种教育姿态，保持适当的强势，甚至偶尔来一次当头棒喝，说不定会警醒他。当然，这么做对作者来说，需要一些勇气。但我们确实需要经常变换教育方法，才能取得好效果。教师如果在阿文一个人身上花了太多的气力而只得到冷脸，势必影响带班的情绪和心态，对整个班级也是不利的。

第二，对学生的定位不清晰。

每个人的能力都是有一个区间的，有上限也有下限。一个人的表现通常就是在其能力区间内波动。状态好一些，接近上限；差一些，就接近下限。当然，这个区间也是会移动的。所谓激发潜能，换一种更准确的说法，就是采取各种办法调整状态，让能力的发挥更接近自己的最佳值，也就是能力区间上限。这项工作做好了，教师就是一名高超的教练员和指挥家。

以高考为例，班级里的学生处于不同的层次，有的可以考上一流重点大学，有的只能上普通的学校。这就需要教师对学生进行科学的定位，分别指导，分层推进，努力使学生达到个人的最佳状态。但教师的情感会影响判断，导致对学生的定位不准。比如，我们总是希望自己喜欢的学生考的分数越高越好，而且我们也愿意相信，他们有这种潜能。其实，这种想法往往是不符合实际情况的。

作者凭什么认为阿文可以考上重点大学？理由是他相当聪明。虽然“心智不成熟，做事很随意”，但是，作者仍然认为阿文是块好料，上不了重点就可惜了。这种想法给作者增添了心理负担，甚至将来阿文如果考不好，教师都会感到歉疚的。

其实，班主任的期望值可能过高了。因为影响学生高考成绩的因素有很多，智商只是一个方面，甚至不是最重要的一个方面。阿文在很多方面还无法达到真正的优秀水平。过去他学习不够用心，水平发挥处于自己能力区间的下限，一旦认真对待，分数就会上得很快（因为本身就在他能力区间里）。但一旦触及他能力的上限，就会出现提升缓慢、停滞不前，甚至分数下降的情况。以英语为例，过去考 70 多分是不正常的，因为连下限还没有达到，用功一些，再通过补习，到了 90 分左右，已经接近或达到了他能力区间的上限。再要往上，就不是补习的问题了。即使一点儿游戏也不玩，也不一定能考得更好。实事求是地说，阿文能够一边玩游戏，一边取得这样的成绩，已经非常不错了，这也差不多就是他的极限。因为他不愿意为了一个大目标（高考）而暂时牺牲自己的小利（游戏），说明他的毅力还是不够，不具备最优秀考生的品质，也就难以更上一层楼。

这样的学生有很多，他们往往以聪明的外表迷惑了很多教师，让教师的判断出现失误。典型的说法是：“这孩子真聪明，要是再用功一些，一定能考上好大学的。”可惜，这些孩子真的是“无法再用功一些”了。学生成绩上不来，不一定是教师的责任，教师不必为此而有思想负担。在高考中，各级各类学校有不同的分数线，其实就是一个个区分度很高的筛子，可以准确地遴选出各种不同层次的考生。虽然落榜的学生在智商上不一定输给那些考取重点大学的人，但在意志品质和学习习惯上一定和他们有差距，也缺少了一些专注和悟性。

我们并不否认个人的努力在高考中的价值，相反，个人努力至关重要，因为它可以决定你是否可以达到能力的上限。

如果对阿文定位准确，班主任就不会为此过于焦虑甚至心痛，心态会趋于平和，目标也更明确。应适时鼓励，少一点儿指责，少一些幻想。教师一旦丢掉了思想包袱，就可以轻装上阵了。

所以，需要改变的，不仅是学生，还有教师自己。

五、轻微违纪的学生

轻微违纪是班主任要面对的最常见的问题，“大错不犯，小错不断”是很多学生的毛病。对学生那些反复出现、令人烦恼的小错，班主任是“好汉眼里不揉沙子”，锱铢必较，还是“睁一只眼，闭一只眼”，视而不见？这恐怕要具体问题具体分析。处理这类“小事”，班主任的教育观念要端正，既不能把轻微的违纪问题任意拔高到道德层面，把学生简单粗暴地分为三六九等，又不能对学生的违纪行为视而不见。面对反复出现的违纪问题，要有平和的心态。对学生的教育不可能一蹴而就，在教育过程中，既要有足够的耐心，也要有智慧和方法。

处置这类问题的基本原则是：尽量低调处理，把问题尽可能消灭在无形中。若处置不当，可能会把小问题上升为师生冲突，所以，我提倡用智慧的方法来解决。下面结合几个具体案例，谈一谈对这类问题的处理建议。

（一）上课睡觉的学生

【案例 9–4】

下午第二节课，我走进教室后开始上课。

讲评完作业，我发现女同学小新正趴在桌子上睡觉，就招呼她坐起来，可她动了一下之后依然趴在桌子上。虽然知道她平时也不怎么学习，但既然我已经停下课招呼了她，就要管到底。可小新也不买我的账，还是继续趴着。我很生气，走上前去一把扯掉她盖着的围巾，让她坐正。她很大声地表达了对我的不满，意思是我叫了她之后她已经没有在睡觉了，只是趴在桌子上缓一缓而已。我也表达了我的想法：我已提醒了你，你还是我行我素，这就是对老师的不尊重。

我们对峙着，其他同学也跟着起哄。我听见有人说别耽搁上课时间了。我就没再继续纠缠下去，只是对全班同学说："我现在管你们是不希望你们荒废时间，"然后就开始上课了。

这件事看似不大，但我心里始终不畅快。和学生之间这种类似的事情已经发生过好多次，我都没有处理好。归根结底，一是因为我很少静下心来认真思考该怎么改进，而且心里还多了一些阴影。我害怕和学生发生冲突，而越是害怕，越是容易出现这种情况。二是因为我的威信不够，学生才会对我敷衍了事。我做不到通过发火的方式让学生怕我，这是由我的性格决定的。再者，也不是学生怕我了我就有威信了。

小新是艺术生，平时不爱学习，作业也几乎不交。我曾跟她聊过，她也表示要好好学习，但她学习习惯不好。她是个自尊心很强的人。我今天在课堂上这么批评她，她肯定受不了。

我该怎么办？

（摘自读者发在我博客里的求助信）

【案例分析】

学生上课时睡觉，教师当然不能视而不见。但教师以什么方式处理，却大有讲究。

看到成绩不好的学生上课睡觉，班主任马上就能和许多负面的东西联系在一起。比如，无视课堂纪律、懒散、不爱学习，等等。当教师带着这些印象面对学生时，肯定是气不打一处来。学生听话还好，一旦反抗，不需要几个回合，脾气马上就上来了。

如果是成绩优秀的学生上课时睡觉，班主任会倾向于往好处想：是不是生病了，或是晚上太用功了，等等。这时，教师表现出来的往往就是关心。

可能很多老师自己都没有意识到这一点。当对不同的学生同一种行为有不同的态度已经成为教师下意识的反应时，就已经隐藏着巨大的不公平。

发现学生睡觉，不问原因，只是把学生喊醒，不许他睡，这是简单化思维。思维简单了，处理的方式就简单了，教育的意蕴也就没有了。

我希望就本案例提出的一些建议可以扩展到处理类似的行为问题上。

1. 淡化权威意识，增强服务意识

年轻班主任因为缺乏自信，所以特别在乎自己的面子和威信。他们经常有一种误解——要把学生压下去才能显示出自己的威信。他们想让学生服自己，可能人格魅力又不够，只能依托职业权威压服。但说到底，教师的权力其实是无力的，对真正叛逆的学生并不起作用，相反还会加剧冲突。

不要对学生的反抗反应过度，认为一旦自己的态度软下来，以后学生就再也不会听自己的了。事实上，学生的表现是非常不稳定的，他们可能今天和你闹得很凶，过一天又像什么事都没有发生过一样。教师比学生年龄大、经历多，又具备专业知识，不能和学生一般见识。正因为学生身上存在问题，才需要教师的帮助，这就需要教师具有服务意识。教师如果没有服务意识，还是按照老观念，认为学生服从老师是天经地义的事，心里不拿学生当回事，也会在有意无意间流露出来，就有可能引发冲突。

教师需要放下自己的权威意识，平等地对待学生，真诚地关心他们。如果真的这样做了，学生是能感受到这一点的。

上课时睡觉是反常行为。对反常行为，有服务意识的教师第一反应是这个学生是不是有什么状况、需不需要帮助，而不是简单批评制止。如果教师关切地问一声，没有病痛的学生绝大多数会很自觉地不睡了。

2. 了解学生的个性，克制自己的脾气

了解学生的个性会让教师采取更加合适的教育行为。有的学生属于吃软不吃硬的，有的则属于吃硬不吃软的，还有的脾气上来了软硬都不吃，但不管什么样个性的人，其情绪都是处在变化之中的，特别是未成年人，波动会

更大一些。教师需要在对学生的个性有总体把握的前提下，根据学生当时的情绪决定教育策略。一条基本原则就是，尽量不要硬碰硬。师生间一旦发生冲突经常是两败俱伤，要全力避免，这个比压制住学生重要得多。

教师对自己的脾气、能力也要有正确的估计，要考虑到一旦师生发生冲突，自己有没有能力控制局面，能不能体面地结束冲突。

教师也是普通人，也有个性和脾气。但教师有一项很重要的基本功，或者说是一种重要的意识，就是要控制自己在工作中的脾气。教师的角色在生活中和工作中是有差别的，教师在学生面前必须表现出良好的职业素养，为学生树立榜样。

当学生出现不服管教的情况时，首先要告诫自己冷静下来，不要以强硬对强硬，冷静半分钟会带来很多变化。你要面子，学生也同样要面子，必须采用折中的办法。

3. 选择得当策略，注意变换方法

教师要养成一个习惯：走进教室后，扫视全班，观察学生的状态，确认没有异常情况后再开始上课。这样就可以及时发现问题，预先处理。

若发现有学生趴在桌上睡觉，教师该怎么做？此时有多种方案可供选择。前文已经提到过一些基本策略，下面用一位网友提供的方法做一次汇总。

对上课时趴在桌上的学生，首先不要生气，但也不要不管。可以走到学生跟前，弯腰问：“××同学，身体不舒服吗？”（有时候也可以问班上的其他学生）如果回答“是”，可以有选择性地问这样几句话。

①要不要看医生？

②有没有带药？吃药了没有？

③需不需要跟家长说一声？

如果要去看医生，就安排一名合适的同学陪伴；若需要告诉家长，可以把手机借给他使用。

这样做，没病的学生就基本不会趴着了。因为他如果谎称有病，诸如

去医务室看病、吃药、把病情告知家长之类的行为就会让他穿帮，而且那些充满关切的问话，也让他难以继续用谎言回答——他哪好意思对一个关心他的人就那么不理不睬呢？那样的话，全班同学会怎样看他？

如果学生身体并无不适，那多半是生活中的矛盾、挫折、失败、忧虑，或者实在太累等原因，造成情绪低落（当然也有学生实在厌学或者不喜欢上这个课的老师）。不管是哪种情况，他都不喜欢老师过问（他认为可以自己调节）。

如果是这些情况，还是要先问他是不是身体不适。确认没有身体不适后不要立刻要求他正常上课，而是问他："老师有没有可以帮忙的？"

如果他需要老师帮助，就承诺课后解决，一般学生就不会再为难老师了。

如果学生不理睬或还没有坐起来，教师可以接着这样说："情绪没有调节好，上课也听不进去，那你就先调节好情绪吧。老师违反学校规定，允许你趴一会儿，五分钟够吗？"

注意，说完这句话，不用等他回答直接上课。一两分钟后一般学生都会起来的。还不起来甚至一趴一节课的，一般就不是简简单单能教育好的学生，没必要浪费上课时间，下课后再说。

已经上课了还趴着的学生，很多都对规则没有敬畏之心，班主任不能硬用规则去压他。

这个方案严丝合缝，滴水不漏，既体现了教师对学生的关心，又充满了智慧；既有原则，又有弹性。教师就应该这样动脑筋、想办法，这样很多问题都可以有比较好的解决方案。

（二）上课玩手机的学生

【案例 9–5】

我们班有一个女生，高一入学后就不学习。她大错没有，小错不断，经常迟到，上课违纪。她喜欢看网络言情小说，高一时我就没收过她几本书，再就是她带手机进学校（我们学校不允许学生带手机），我前后没收过她三部手机。

有一天，我和她谈心。她告诉我，回家看到父母挣钱非常辛苦，吃饭都不按时，她决心要好好学习，将来回报父母。我相信并鼓励了她。但是，第二天上课时她又在玩手机。我看到后非常生气，直接从后门进去没收了她的手机。她不给我。我把她叫出教室，她赶紧把手机关了。我一把拿过手机，摔在地上。她也生气了，把手机捡起来又狠狠地摔在地上，手机一下子烂了。其他班上课的老师都出来看，我们教室挨着教导处，教导处的人也出来看。

我生气是因为她昨天刚说得好好的，今天就玩手机。我曾在班会上说过，谁要带手机让我发现了，我就直接砸了。

第二天，我把她妈妈叫到学校。此前我从没有跟她家长了解过情况。她家里是做买卖的，平时没时间管她。她妈妈根本不知道她带手机到学校来，说以后会多关心她。妈妈和她谈了之后，她在教室里大哭了一场。从那以后，每次我进教室或是我上课，她就用一种敌对的眼神看着我。

我想和她谈谈，但又害怕扩大矛盾，不知道该怎么办。

【案例分析】

这位班主任主要存在以下问题。

第一，对学生情况不了解。学生不肯学习的原因是什么？她为什么喜欢看网络言情小说？这两点是与上课玩手机有直接联系的。而且，出事前班主任从未向家长了解过情况。这些问题不搞清楚怎么可能有合适的帮教措施呢？

第二，对学生的个性不了解。学生把手机重重地摔烂这个情节出乎班主任的意料，引来众人围观，让班主任陷入了尴尬的境地。这说明班主任对这个学生的个性平时就缺乏了解，对形势估计不足，把小事变成了大事。

第三，处理问题简单化。看小说就没收小说，玩手机就没收手机。治标不治本。

第四，对学生表现的反复缺乏心理准备，认为已经和学生谈过话了，学生也表过态了，就一定会改好。期望值过高，一旦失望就怒不可遏，采用了极端做法（抢手机）。

第五，在学生面前放狠话，让自己陷入没有退路的处境（砸手机）。

第六，善后工作没有做好。学生的手机被砸烂了，这件事难道就这么算了？如果学生由此产生其他过激行为怎么办？

第七，和家长沟通有问题，请来家长不仅没有解决问题，反而加深了师生间的矛盾。

这些问题在一件事上集中反映出来，值得认真反思。

第一，不能仅仅满足于对学生错误行为的控制，要去了解事情背后的原因。不抓住问题实质，不从源头上找原因，头疼医头、脚疼医脚，其直接恶果之一就是学生的违纪行为会一而再、再而三地反复出现。

学生不爱学习、上课违纪、爱看网络小说，这些行为是有关联的，串在一起构成一个完整的信息链，这些行为背后一定有其内在的原因。网络言情小说可能让学生有了情感上的寄托，弥补了情感的缺失；成绩不理想，找不到成就感，可能是造成她学习时漫不经心的原因……班主任应该寻找问题的源头，这是要花费一些时间和精力的，包括和学生接近、建立良好的关系等。从教育人的角度来说，这些努力都是有意义的，也是值得的。班主任能成功转化一个学生是功德无量的事。

第二，如果学校规定了学生不得带手机，那么在发现第一部手机时，就应该重视，妥善处理，包括与家长取得联系、搞清楚手机的来源、向其说明学校的规定等，而不是一收了事。

学生的问题是一点儿一点儿积累出来的，冰冻三尺非一日之寒。这就要求教师持续地对学生进行教育帮助，随时处理一些小问题，不要等到小问题变大后再来收拾，那就被动了。所以，教师要有防微杜渐的意识。

第三，班主任对学生表现的反复要有充分的心理准备。教育过程很漫长，其间充满了曲折、反复、失败。指望通过一次谈话就能改变一个人，那是一厢情愿。不要说前一天谈过话，就是刚刚谈过话离开办公室，都可能出问题。在一篇文章中我曾经用“令人绝望的反复”来形容这种情况，但是，今天绝望，明天还要继续教育，因为这就是我们的工作。放弃等于我们背叛了自己的职业，丧失了教育的信念，这是做教师最为悲哀的事。

第四，班主任在学生面前做的承诺一定要兑现，言出必行。因此，班主任表态时就要十分慎重，不可随意，更不可意气用事。尤其是在公开场合说话，一定要三思，考虑后果。

案例中，班主任在班会课上说出“谁要带手机让我发现了，我就直接砸了”，这让自己没有了退路，非常不妥。真的能保证发现一部砸一部吗？砸手机的后果考虑过没有？

第五，现场处置时，要顾及学生的自尊心。班主任从窗外看到学生玩手机后，冲进教室，不顾正在上课的老师和学生去没收手机，这个举动暗藏着很大的风险。当学生拒绝交出手机后，班主任又把她喊出教室，把手机摔在地上。所有这些行为都是当着众人的面。对一个高中女生来说，这是令人难以忍受的，由此爆发冲突也在意料之中。

如果班主任能在现场冷静一下，也许会有更妥善的处理办法。比如，在教室外走动，有意引起学生注意，当玩手机的学生与班主任的视线接触时，向她微微点头，表明“我看见你了”，而其他同学可能并未觉察，这就给学生留了面子。下课后再去找她，或者学生下课后会主动来找老师承认错误。

第六，师生发生冲突后一定要做好善后工作。如果教师有错就必须认错，该承担什么责任就承担什么责任，不能为了面子硬撑，或者给自己找出各种理由，将问题都推到学生身上，这样做对教师的威信是巨大的损害。如果是学生的问题，也要做好后续的沟通，最好能做到和解。教师摔学生手机的行为是有问题的。当然，发生这个事情是有原因的，这就更需要做沟通，将负面影响降到最低。

在善后工作中，教师的态度必须是真诚的，不能敷衍搪塞，更不能作秀，应以自己的真诚换来学生和家长的信任。

第七，与家长沟通，特别是反映学生问题时，要尽可能当着学生的面进行，多采用“教师—学生—家长”三方沟通的方式。因为，在传话的过程中会造成信息的缺失、变形，形成误会。

第八，学生和教师形成“冷战”的局面后，教师不必急于采取行动，可以暂时搁置，静待时机。教师要仔细观察，在等待中积极寻找或创设机会。一般来说，学生也不愿意一直维持这种状况，毕竟这样的日子也不好过。以活动为契机较好，大家会自然一些。教师可以考虑多种沟通方式，先做试探性的交流。要特别留意学生表现好的时候，在班级的公开场合表扬一些同学时，加上他的名字，这就是一种主动和解的态势，学生应该能感觉到。还可以尝试用书面交流等沟通方式。

说到底，师生之间不都是些鸡毛蒜皮的小事吗？教师就是教师，不要和学生斗气，要迈过自己心里的坎，主动“破冰”。只要教师能放低身姿，采取主动，学生一般都会接受。

第十章

提高学生学习成绩的有效策略

无论对学生还是教师，学习成绩的重要性都无须赘言。提升班级整体成绩是有一些科学方法的，这些方法能否奏效，与教师的引领是否正确有很大关系。

班主任（或者科任教师）首先要对班级的学情做充分的调研，明确学生的学习基础和学习能力，明确班级成绩的现状，再根据班级人数、男女生比例、学习成绩层次分布和班级特点，为班级学习成绩的提高制定合理的计划，之后逐步落实计划。

一、让分数说话——科学分析学生的成绩

考试是每个学生和教师都不可回避的问题。分析考试成绩是教师必做的工作之一。但是，如何做好这项工作，却有很多值得研究的地方。

提升成绩需要明确起点，及时发现问题，不断做出调整，把握变化趋势……班主任不仅要分析自己所教的学科，还要分析学生各门学科的成绩；不仅要分析班级整体成绩，还要分析学生个案。科学地分析成绩，可以了解大量的有关学生学习状况的信息，可以据此寻找教师教学和学生学习上存在的问题，为进一步改进教学、提升学生学习水平提供参考。因此，掌握一些基本的成绩分析方法十分必要。

（一）班级整体的成绩分析

学生的成绩可以分成绝对成绩和相对成绩两种。每次考试的分数就是绝对成绩。绝对成绩与试卷难易、学生的基础有很大关系，所以只分析绝

对成绩是不够的。与绝对成绩相比，“相对成绩”更有参考意义。所谓“相对成绩”，就是绝对成绩在参考人群中的排位，或者叫名次。虽然有很多人以各种理由反对给学生排名，但因几乎所有的大型选拔性考试（如高考）都是根据相对成绩筛选入围考生的，所以，排名的问题无法回避。

考试的级别不同，参考的人数不同，相对成绩也是各种各样的。人数越多，相对成绩的参考价值就越大。比如，高中的市级统考，每一个考生在全市参考学生中的位置是很精确的，结合这个城市每一年高考本科上线的人数（这个数据比较稳定），就可以大致了解这名考生在全体考生中所处的层次。

班主任可能更加关心学生在年级级别的考试中的相对成绩，所以“年级名次”这项指标非常重要。要了解这些情况，班主任应该做好以下几件事。

1. 建立班级考试成绩档案

为了便于比对和分析，可以将全班学生各次考试的综合成绩全部存储在一张电子表格里。随着考试次数的增多，数据越来越庞大。但记录数据不是目的，重要的是要让这些数据说话。

2. 成绩排序

Excel 软件可以很方便地进行各种排序，如按照学号、总分、单科成绩排列等，亦可按照各种需要进行筛选。例如，按照学生总分排序，可以得到全班学生的班级或年级排名。方法如下。

录入学生考试成绩，用 Excel 算出每一个学生的总分，按降序排序后，便可以得到一张按总分从高到低排列的表格（参见示例 1）。

示例 1　班级考试成绩（按总分排序）

	A	B	C	D	E	F	G
1	学号	姓名	语文	数学	英语	总分	名次
2	1501	略	111	139	110	360	
3	1502	略	123	119	97	339	

（续表）

	A	B	C	D	E	F	G
	学号	姓名	语文	数学	英语	总分	名次
4	1506	略	112	123	96	331	
5	1508	略	112	118	101	331	
6	1504	略	109	117	105	331	
7	1509	略	112	123	95	330	
8	1505	略	113	119	86	318	
9	1503	略	109	103	105	317	
10	1507	略	110	111	96	317	
11	1510	略	104	110	80	294	

在上表中G2单元格输入函数“=RANK（F2，F$2：F$11）”，回车，得到第一名的名次“1”，左击按住G2右下角，向下拖动鼠标，得出所有人的名次（参见示例2）。

示例2　学生的成绩排名

	A	B	C	D	E	F	G
1	学号	姓名	语文	数学	英语	总分	名次
2	1501	略	111	139	110	360	1
3	1502	略	123	119	97	339	2
4	1506	略	112	123	96	331	3
5	1508	略	112	118	101	331	3
6	1504	略	109	117	105	331	3
7	1509	略	112	123	95	330	6
8	1505	略	113	119	86	318	7
9	1503	略	109	103	105	317	8
10	1507	略	110	111	96	317	8
11	1510	略	104	110	80	294	10

用“RANK”函数排序的优点是，如果出现了相同的分数，则名次相

同，到再出现一个较低分数时，名次才会自动往下排，而且总排名和总人数是一致的。

3．平均分——反映班级的总体考试水平

在各项分析指标中，教师往往最看重平均分。其实，比较平均分的意义是很有限的，特别是在追求升学率的大背景之下，“有效分”“匹配度”等指标的意义已超过了平均分。不过，平均分确实可以反映班级学生的总体水平，所以，班级成绩提升的重要标志是平均分的提高。

4．标准差（STDEV）——反映班级学习成绩分化程度的指标

两个班的平均分，或一个班里两门学科的平均分差不多，是不是就意味着学习状况差不多呢？引入“标准差”指标后就能立见分晓。

在成绩下方插入函数“STDEV”，可以计算成绩的标准差。标准差的基本计算公式是：

$$\sigma = \sqrt{\frac{1}{N}\sum_{i=1}^{N}(x_i - \mu)^2}$$

其中，μ 为平均分，x_i 代表每一个学生的成绩，σ 为标准差，用 Excel 可以自动计算。标准差是一组数据平均值分散程度的一种度量，标准差较大，说明大部分数值和其平均值之间差异较大，反之代表这些数值较接近平均值。所以，标准差的主要意义在于了解学生成绩的两极分化现象是否严重，这是平均分反映不出来的。如果标准差过大，教师要引起注意，应看一看这些学生偏离平均分是由什么原因造成的。

5．成绩的层次

从一个班级的角度看，学生成绩确实是分层次的：领先层次、中间层次和落后层次，就像马拉松赛跑中的各个方阵。班级成绩的整体推进其实是分层推进。班主任要在弄清楚各个层次的人员组成的基础上，制定科学的成绩推进计划，包括底部抬高（减少低分）计划、保先计划、超越计划等。比如，让领先层次的学生担任落后层次学生的导师，就是一种托底的方案，可以有效地解决部分学生成绩过低的问题（消灭低分比提升高分更

加容易做到)。托底成功，会让更多的后进学生品尝到进步的滋味，提升自信心，也必然会促使中间层次的学生向上推进，扩大领先层次的阵营。当然，防止中间层次的学生下滑也是至关重要的。中等生往往是班主任容易忽略的一个群体，但是，中等生却是全班成绩推进的中流砥柱，也是提升优等生人数的重要保证。所以，班主任一定要在中等生群体上多花一些工夫，中等生的可塑性最大，在中等生身上投入是最容易产生效果的。

班主任可参照学生的相对成绩划分成绩层次，具体可参见示例 3。

示例 3　某次期中考试后全班同学成绩层次划分

层次	划分依据	人数	与上一层次分差
1	年级前 20 名	10	——
2	年级 21—100 名	13	6—19
3	年级 101—250 名	13	6—19
4	年级 251 名以后	10	5—30

明确各层次的具体人数，有助于班主任做好分层推进工作。同时，学生可以很清楚地看到，自己与上一层次成绩的差距其实并不大，只要有一点儿提升，就有可能进入更高的层次。这种理性的分析对于稳定心态、鼓舞士气、明确追赶目标会有很大帮助。

6. 班级整体成绩的推进

分析班级考试成绩的整体推进情况，有助于班主任从总体上把握全班学生的学习状况，找到继续提升的空间，具体可参见示例 4。

示例 4　班级一学期成绩推进情况分析

序号	指标	入校	月考	期中	期末	变化	简评
1	年级前 50 名	10	15	17	14	增加	高分段人数增加明显，低分人数下降，中间层次基本不变，推进情况良好。
2	年级 51—100 名	11	10	7	10	略减	
3	年级 101—250 名	14	14	13	14	持平	
4	年级 251 名以后	12	13	10	9	下降	

7. 推进率——谁的进步更大

很多学校或班级都会表彰考试成绩进步大的学生，但表彰的依据却不一定科学。比如，学生 A，考试总分的年级排名从 300 名提升到 150 名，进步了 150 名；学生 B，考试总分的年级排名从 150 名提升到 30 名，进步了 120 名。从进步的名次上看，学生 A 比学生 B 进步大，A 更应该受到表扬。但事实上，学生 B 的进步更大，而且价值也更大。因为，第一，名次越靠前，竞争越激烈，进步也就越困难。从 300 名提升到 150 名固然可喜，但从 150 名提升到 30 名，已经进入了年级前列，这样的进步难度更大。第二，从 300 名提升到 150 名，进步的幅度是（300−150）/300=50%，从 150 名进步到 30 名，幅度是（150−30）/150=80%，后者远远大于前者。所以，学生 B 的进步更加喜人。这样的比较就是科学的。

班主任可以用 Excel 表格将全班学生的进步幅度进行排序，示例如下。

示例 5　学生成绩推进排序

学号	总分	年级名次	前次名次	变化	推进率	点评
1512	316	33	174	141	81%	大幅进步
1531	317	31	119	88	74%	大幅进步
1527	331	12	37	25	68%	大幅进步
1511	299	98	200	102	51%	大幅进步
1509	310	55	89	34	38%	进步较大
1508	343	3	4	1	25%	进步较大
1537	255	342	447	105	23%	进步较大
1525	295	119	136	17	13%	有进步
1521	221	483	533	50	9%	有进步
1547	251	362	380	18	5%	有进步

“推进率”（进步幅度）的计算方法是：（前次考试名次 − 本次考试名次）÷ 前一次考试名次 ×100%。

8. 成绩变化趋势——谁在保持进步

考试具有偶然性。学生某次考试的成绩高低，与试卷难易、试题范围、考试状态等因素有很大关系。班主任对此要有清醒的认识，也要把科学的分析方法教给学生。教师不要因一次考试成绩滑坡就责怪学生（当然，要分析原因），学生也不宜因某次考试成绩突出就沾沾自喜。学生成绩的进步应该是指在一段较长的时间内（如一个学期）数次大型考试的相对成绩变化趋势是向上的。但在大多数情况下，这种分析被简单化了，只用前后两次考试的成绩做对比就得出进步或退步的结论。例如，某同学某次考试成绩年级排名为第 200 名，第二次考试成绩为第 150 名，有进步，获得了表彰。第三次考试成绩下降为年级第 250 名，未获表彰。第四次考试排名又上升到第 200 名，再次获得表彰。其实他并没有进步，还是 200 名，却获得了两次表彰。每次考试总有进步的学生，也有退步的学生，学生的成绩是波动的，所以，仅以两次考试的相对成绩做评价依据是不合理的。

改进方法是这样的：确定学生成绩推进的起点，拉长考察时间，增加考察次数，把握学生成绩变化的总体趋势。在每一次考试结束后，都要对成绩波动较大的学生做个别交流，对处于正常波动范围的学生不必过于担忧，但对成绩出现连续下降的学生一定要多加关注，及时调查了解。

（二）学生个体的成绩分析

1. 建立学生个人成绩档案

学生个体进步了，班级整体才能进步。除了班级成绩档案之外，还应该建立学生个体的成绩档案，这需要花一些时间，但是，档案建立后，可以非常清楚地了解学生的学情。

用一张 Excel 表格即可建立全班学生的成绩档案，每一个学生一张工作表，需要时可随时调出查询。因每次更新 Excel 工作量较大，班主任可以让学生自建个人成绩档案，每次由学生自己更新，最后在学习委员处汇总。自建成绩档案，不仅让班主任减少了工作量，还可以让学生更加清楚自己的状况，培养对自己负责的态度，一举两得。具体格式可参照下表。

示例 6　学生个人成绩档案

科目	语文	排名	数学	排名	英语	排名	总分	排名
9 月市统测								
10 月校考								
11 月期中考								
12 月校考								
1 月区统测								
2 月市一模								
3 月区统测								
4 月市二模								
平均分								

2．了解成绩波动区间

对一个正常学习的学生来说，知识在逐步积累，理解能力也在逐步提高，但考试成绩却不一定能提升。要想提高考试成绩，特别是相对成绩，就需要额外付出努力，甚至额外付出了努力也不一定就能提高相对成绩——这与付出多少、方法是否得当、天资悟性如何、心态是否良好以及试题风格等均紧密相关。

学习水平的提升是非线性的，呈阶梯式上升。即你可能付出了很多努力，但不一定立即见效。这时学生往往会产生情绪和心理上的波动，认为努力了也没有用。这就需要教师及时进行疏导。

教师应该让学生明白成绩提高的基本规律。即在成绩取得实质性的提高之前，学生需要做长时间的积累，当知识积累到一定程度时，就能融会贯通，形成网络；同时，有针对性的训练也必不可少。各个方面的积累都到位了，成绩上一个台阶就是水到渠成的事。

学生应该了解成绩的正常波动区间，正确评估自己的水平。在一段时期里，成绩具有一定的稳定性，但会在某一个范围内波动，这是正常的。

比如，我们用 Excel 表格分析高三某位学生历次考试成绩，绘出该生成绩波动区间。方法是：建立数据表后，选中要统计的数据，单击工具栏中的“插入”选项，选中“图表”，再选择图形的模式（一般“折线式”用得比较多)，可以得到该生的成绩曲线，见示例 7。

示例 7　学生成绩变化曲线及波动区间

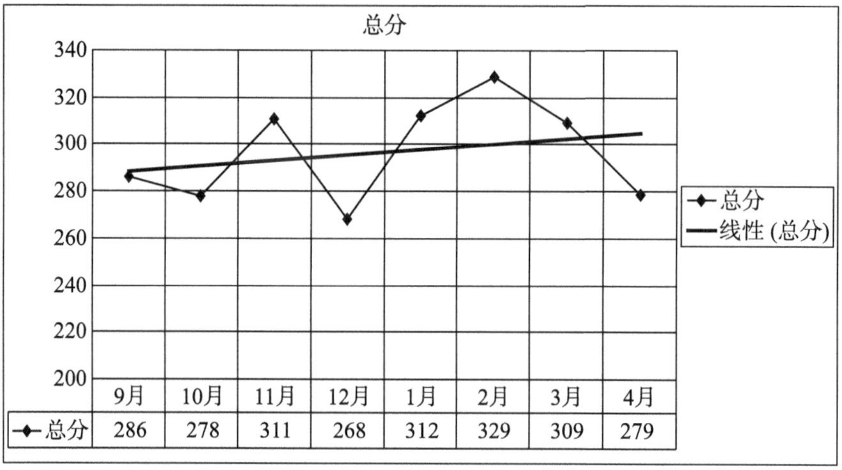

从上图中可以看出，该同学总分的波动区间在 270—330 之间，310—330 是较好发挥的水准，270—300 是成绩波动的较低区域，成绩虽然有起伏，但总体趋势是好的。这样的分析有助于学生给自己合理定位，避免情绪因考试成绩出现大幅波动。

3.“我的最佳水平离优秀不远”

我们可以将学生在一段时期里的各次考试中各门学科的最高分相加，得出该生在理论上可以达到的最佳成绩。虽然这是一种假想的情况，但是对学生来说却是实实在在的鼓励，因为这些成绩都是他自己考出来的（尽管不是在同一次考试中考出来的)，如果每门学科都正常发挥的话，他完全可以达到这个高度。

用这种激励方法可以大幅度提升士气，让学生感觉到奋斗目标不再遥不可及。

以上介绍的是考试数据的简单分析方法。除了定量分析外，还有很多定性分析方法，如问卷调查、座谈会、谈话等。班主任应经常向科任教师了解学生的课堂情况，和家长保持密切联系，随时掌握学生情绪、状态上的起伏变化。综合运用这些方法，可以客观全面地掌握学情，为解决班级学习上的问题，改善学生学习状况，提升班级整体学习成绩提供参考。

二、让学生自己存储、分析考试成绩

我一直对学生强调，学习是任何人都不能替代的工作，自己应该成为学习的主人。要成为学习的主人，首先就必须对自己的成绩负责。过去，每次考试成绩都是教师分析、教师保存，似乎这是教师的事，和学生自己无关。

为了改变这种消极被动的状态，我让学生给自己建立成绩档案，要求每一个学生都很清楚自己参加的每次考试的情况。我设计了统一的成绩档案模板，将每次测试的数据都提供给学生，学生要自己完成录入更新，并对考试情况做自我分析。成绩档案更新后统一发到我的电子邮箱，我逐一检查、研究。这样，不仅是教师，每个学生也都有了自己的成绩数据表，他可以很清楚地看到自己的成绩在班级、年级中的位置。成绩档案以电子表格的方式存储，只有学生本人和教师能看到，不共享。这种无纸化办公既节约了成本，也减少了教师的工作量，关键是加强了学生的一种意识：所有的成绩都是自己的而不是别人的，自己要掌握自己的成绩数据。教师还要逐步引导学生学会成绩分析，通过分析得出一些基本结论。在大数据时代，这种教育也是十分必要的。学生成绩档案模板可参照下表。

学生成绩档案模板

学号：　　　　姓名：

考试时间	考试类型	语文	均分	排名	数学	均分	排名	英语	均分	排名	总分	排名	自评

注：

1.“考试类型”栏填：期末考试、期中考试、月考、单元测验等。

2.“排名”栏填年级名次，如果没有，则填班级名次并注明。

三、分析学生的学习动机

要改善学生的学习状况，班主任首先要知道学生为什么学或为什么不学。这项工作甚至比制订具体的帮助方案都重要，因为只有知道为什么，才能知道怎么做。

学生为什么学？简单分析一下，可能包括以下几种情况。

①为自己的理想或兴趣而学。这种动机最感性也最持久，但持有这种动机的学生较少。

②为自己的前途，为改变（自己或家庭）命运而学。这种动机最理性、最功利，有一部分学生会有这样的想法。

③为获得利益而学。好分数会带来奖赏、赞扬、面子，比较单纯的孩子经常这样想。

④因为家长或教师的压力而学。他们自己可能不喜欢学习，但是被各种压力逼迫着去学。

⑤因为担心、害怕而学。担心不学习会被斥责、惩罚，会让父母伤心，会失去很多利益。

⑥因为某件事或某句话，为证明自己而学。

⑦因为某个人的影响而学。这个人可能是同学好友，也可能是书籍或影视剧中的人物。

⑧因为某个特殊的理由而学，比如为了自己喜欢的女生。

⑨机械地学习，简单地认为学习就是学生要做的事。这种孩子往往比较听话。

那么，为什么有学生不学习呢？原因可以从以下几个方面寻找。

①智力原因。有些学生确实是学不会，最后就索性放弃了。

②兴趣原因。天生不喜欢学习，对学习毫无兴趣或者对学习之外的事很感兴趣。

③基础原因。因为遭遇各种情况导致学习上落后太多，基础太差，无法跟上班级正常的学习节奏。

④家庭原因。由父母不恰当的教育方式、家庭变故、家庭学习条件恶劣等原因造成学生不学习。

⑤同伴原因。结交的同学、朋友都是不学习的或者是校外人员。

⑥环境原因。学校或班级整体学习氛围差，平均成绩低。

⑦志向原因。学生有了其他志向，或在某些方面有特长可以享受招生优惠政策。

⑧事件原因。因为某些事件影响了学习的心情和积极性，如朋友背叛、失恋等。

⑨教师原因。教师在教育教学中出现问题，如体罚、歧视学生，或教学水平低下等。

⑩观念原因。受“读书无用论”“大学毕业等于失业”等观点影响。

⑪心理原因。焦虑、叛逆、恐惧、绝望等。

以上因素单一或组合出现都会对学生的学习造成很大影响。教师只有找出学生不想学习的真正原因，才能采取正确的行动。简单训诫、施压，哪怕是好心说教，都不会起到实效。

四、激发与调动学生的学习主动性和积极性

学习归根到底是学生自己的事。但是，很多教师和家长似乎都忘记了这一点，他们对孩子学习的热心程度远远超过孩子本人。实际上，他们往往只是关心一个最终的分数，而忽视了学习的动机与过程。他们并不理解学生在面对学习时的各种感受，特别是焦虑与苦恼。这不是爱孩子的表现，是成人将急功近利的目标强加于学生。

在忽视学习动机教育的情况下，很多学生学习的主动性很差。他们不明白为什么要好好学习，不知道学习的意义，他们只是为了家长或教师而学，为了完成任务而学。以现在的条件，只要学生想学，他可以得到任何想要的资源，也会找到各种学习方法。但是如果他自己不肯学，再多技术上的指导或帮助都是没有用的。

让学生自己想学，是根本的问题。但如何让学生想学，是十分困难的问题。

人的动机不可捉摸，教师不可能让所有的学生都爱上学习。所以，在这方面教师能做的其实十分有限，更何况现在学生学习的很多内容都枯燥无味，很难从兴趣上着手调动学生的积极性。

提升学生成绩可以分两步走。

（一）找出造成学生学习障碍的真正原因

分数的背后有故事。当一个看上去很聪明的孩子，行为表面上又没有什么明显的异常，但成绩总是上不来或持续下降时，这里面就有问题了。教师只要认真探寻，往往会发现很多原先不了解的情况，会明白学生在学习上为什么会出现这样那样的状况。

在不了解真实原因的情况下，盲目进行说教或帮助，表面上看，教师很辛苦，但却是没有什么效果的。这是很多教师在提升学生成绩方面难有作为的主要原因。

（二）采取实实在在的行动

我主张先了解情况再采取行动，所以关键在第一步。在此基础上教师可以做的工作如下。

①经常和学生交流，通过交流慢慢施加影响。

②改善和学生的关系，让学生听得进教师的教育。

③想一些办法，争取让学生在某一阶段或某一门学科上取得进步，增强学习的自信心。

④建立帮助系统，帮学生答疑解惑，完成学习任务。

⑤经常激励学生并对学生进行心理上的疏导。

⑥和学生一起查找成绩上不去的原因，共同制定学习计划。

⑦对学生进行个别辅导。

⑧让学生自己确定一个合理的目标并鼓励其努力实现。

⑨加强对学生的提醒、督促，检查学习计划完成的情况。

⑩和家长保持沟通，联合家长的力量帮助孩子。

即使做好了上述工作，也未必能从根本上改善学生的学习状况，但是努力做总比什么都不做强很多。

五、推进不同层次的学生进步

对分别处于领先层次、中间层次、落后层次的学生应该采取不同的推进方法。

（一）提升优等生成绩的策略

优等生一般有比较扎实的基础和良好的学习习惯。他们成绩优秀，而且习惯于优秀。他们当中很多人有比较明确的短期学习目标，但是不一定有长远的奋斗目标和远大的理想。他们往往是在良好的基础之上，按照既有的习惯，以一种惯性在学习。也就是说，优等生的学习处在一种良性循环的状态中，优秀者就越优秀，他们不一定是学得最辛苦的学生。

决定优等生能取得好成绩的最主要原因是其良好的学习态度和学习习惯。同样听课，他们因为全神贯注，吸取的营养会更多；花同样的时间写作业，因为注意力集中，心无旁骛，所以，速度快，质量好。

优等生具有一定的心理优势和自我约束力，“习惯了优秀”是他们保持良好状态的原因之一。很多学生习惯了考试取得好成绩，习惯了受到老师、家长、邻居的称赞。这些暗示，既是前进的动力，也可能成为一种压力。事实上，优等生面临的“保持优秀”的心理压力很大，一旦考试失误，他们就会非常失落，造成各种情绪问题。

因为优等生的成绩已经接近其能力区间的上限，因此，要想进一步提升必须更多地调动非智力因素，营造适合他们成长的环境。

第一，帮助他们树立远大的理想。他们往往比较懂事，所以要注重这方面的引导。提升优等生的情商很重要，他们当中相当一部分人的心智并不成熟，甚至有些书呆子气。我们并不否认书呆子型的学生单纯安静，心无杂念，以后可能是个做学问的料，班级也应该给予这些学生相当的认可和保护。但是，树立更高远的目标，他们才有可能获得持续发展。

第二，关注优等生的心理，让他们学会保持心态平衡，胜不骄、败不馁。对他们来说，考试失利带来的心理影响要超过其他学生，班主任要特别关注。但是，关注的方式不一定是在第一时间里表现出过度关心，有时候这样做反而会加重他们的心理负担。应该教育他们正确看待成绩的波动。有时候，班主任一句鼓励的话语、一个信任的眼神、一个轻微的肢体语言足矣。等待一段时间，等学生情绪平复了，教师再做疏导和具体分析。当然，这也要具体问题具体分析，见机行事是比较妥当的策略。

第三，为优等生提供更多的自由时间，布置更灵活、更具有挑战性的任务。可以布置差异化作业，减少优等生机械、低端的作业，让他们从烦琐的重复操作中解脱出来，以保持活力和兴趣。全班齐做完全相同的作业，势必会造成优等生厌倦、学困生无法独立完成的局面。当然，布置差异化作业对教师来说是增加了工作量，但只有因材施教，才是有效的劳动。教师要有勇气改变多年来的工作方式，主要是改变思维方式。

优等生喜欢完成有难度、有挑战性的任务，班主任要因势利导，切不可用“好高骛远”“走还没学会就想跑”等语言讽刺、打击。比如，某学生很聪明，喜欢钻研难题而且喜欢和教师切磋甚至质疑，但是，做容易的题目却经常出错，教师却只是简单地责备他眼高手低而不予以正面的引导。这样教出的学生可能都是平庸的。我班有一个学生在省化学竞赛中拿了一等奖，这是在我们这所普通学校从来没有过的事。其实，并非我刻意训练了他，我只是鼓励他做自己喜欢的事，对简单的作业，一律免检。我有个习惯，一下课我就会把几个高手召集过来，继续讨论与本节课有关但超出教学大纲的内容，几句点拨，留点儿思考，点到为止，激发他们继续钻研的兴趣。

第四，把优等生组织起来，形成一个群体，也就是班级的领跑方阵，不要各自埋头学。高手喜欢“显摆”，高手之间也喜欢过招，班级要为他们提供更多互相交流、切磋的机会。在这样的场合，优等生们往往成就感爆棚，这能更好地激励他们在学业上精益求精。

第五，给优等生“压担子”，能让优秀者更加优秀。

让优等生承担更多的学习辅导工作，不仅不会影响他们自身的学习成绩，反而能让他们更有成就感和使命感，从而保持强烈的进取心。有时候，布置额外的任务就是一种认可和信任。不少人对优等生的情商颇有微词，认为他们高冷、自私、不懂感恩。我并不认同这种看法。我认为人都有两面性，自私不是优等生的标签。只要善于引导，完全可以激发优等生的正能量和公益心。激发的关键在于让优等生感觉到自己有重要的价值。所以，班级对他们的认可与尊重是最重要的。一个班级，应该有尊重知识、尊重人才的好风尚。

【案例 10-1】班级院士

经过几次大型考试，一些成绩优异的学生脱颖而出，成为众人膜拜的“学霸”。为了让这些同学的示范、引领作用更加突出，经过几番酝酿，“班级学习委员会”（以下简称“学委”）成立了。

提高优等生的待遇，让他们有成就感，是成立学委的第一个动机。国内代表学术最高水平的称号就是“院士”，那么代表班级学习最高水平的也就是“学委院士”了。授予学生班级“院士”称号，既是对他们的认可和激励，也是为了让他们更好地发挥作用。

学委院士分两种：理科院士和文科院士。入选的标准很严格，不仅要看成绩（包括单科成绩特别突出），更要看他有无钻研精神，学习态度是否良好，愿不愿意帮助别人。

经过认真研究，结合科任教师的推荐，首批班级院士名单出台，一共11人，13人次，其中有两名各科成绩都非常优秀的同学当选“两院院士”。在家长会上，我慎重地向院士颁发了荣誉证书。院士名单彩色打印，班级公示。公示的目的不仅是告知全班，更是一种变相的表彰，给入选者增加了一份自豪感和责任感。

学委不仅仅是个形式，我们要让它发挥更大的作用。我们为院士制定了如下基本职责。

班级学习委员会院士职责：

1. 提升自我，努力钻研，保持优势学科居于年级领先位置。

2. 超前完成相关课外作业，自我加练课外习题，钻研一定的难题。

3. 为同学辅导答疑，适当协助科任教师，承担一定的习题讲解工作。

4. 实行学科导师制，每位院士要有一到两个固定的联络对象，帮助同学取得进步（具体方案另附）。

5. 每周集中研讨一次，交流难题攻关情况，组长做记录。

6. 分期分批在全班开设介绍学习方法和经验的微型讲座。

以上职责中有两方面重点内容，一个是院士要担任学困生的导师（具体操作参见后文），另一个是院士团队要有自己的研讨时空。给优等生提供更多的交流机会，是成立学委的另一个目的。

每周集中研讨如果仅仅是为了研究一些难题，效果就很有限了，而且还有作秀之嫌。我们主要是通过这种活动，让平时各自为战的院士们有归属感，让他们感觉到团队的力量。高手也需要切磋，这会让他们知道自己并非孤军奋战。而且天外有天，山外有山。集中时还可以检查、布置工作。在研讨中每位院士都要承担一定的工作。

为了让研讨有实质的内容而不是流于形式，同时也为了规范管理，班级采用类似学校教研组或备课组的活动方式，每次都有主题有主持人，内容事先要做点儿准备，交流时完成一定的记录。

院士集中研讨的规定如下。

学习委员会院士集中研讨方案

1. 组长召集并担任主持人，院士轮流担任主讲人，每周研讨一次，主持人做记录。

2. 研讨活动时间：理科，星期一；文科，星期三。下午放学后，时间30分钟左右。

3. 研究科目采取1+1形式，即理科：数学+1，文科：语文（英语）+1。每周研讨的具体科目由组长和主持人商议确定。

4. 研讨内容包括：

（1）对知识点的理解。

（2）典型习题、难题攻关。

（3）解题方法交流，等等。

具体内容由主持人安排。

院士集中研讨活动要有专门的记录本，这样就规范多了。模板如下（封面设计略）：

日期		星期		时间
主持人		参加人员		
研讨摘要				

平时院士们研讨时也常有其他同学参与。班级欢迎并鼓励同学参与此类活动。

请班级院士开办微型讲座是发挥绩优生引领作用，实现资源共享的重要途径。班级提供平台，让绩优生轮流走上讲坛，和同学分享学习的经验和心得。讲座一般有两方面内容：学习经验方法分享和学习辅导。主讲人自定主题，事先备好课，每次讲座时间 20—30 分钟。准备讲座对院士来讲是一次再提高的过程，也是充满挑战性的任务，但越是有挑战性，学生的积极性就越高，所以，讲座的受益者不仅是听众，也包括主讲人自己。随着讲座的常态开展，主讲人的经验和演讲技巧不断成熟，效果也越来越好。

【案例 10–2】实习教师

“实习教师”是我班一项开发绩优生资源的活动。在一些学科里，班级会提供一些课时，让学生自己走上讲台，完成一节课的教学工作。这是一个极富挑战性的任务——学生要独立备课（制作课件）、上课，像一位正式的教师那样完成一节课的所有教学环节：引入、讲解、提问、练习、讨论、实验、布置作业。

教师首先要解放思想，敢于拿出“宝贵”的课时，把讲台让给学生。同时，还要精心选择适合学生上课的内容，对学生的备课活动予以全程指导，让学生说课，还要做好失败重来的思想准备。实际上，这和带实习教师是一个道理。这些工作比教师自己上课要辛苦多了，但从培养学生的学习兴趣和能力上看，这些冒险与辛苦是值得的。这样做的效果如何呢？我的体会是：

（1）学生上课的教学效果不像事先设想的那么糟糕，甚至还颇有亮点。这说明学生的能力往往超出教师的想象。

（2）讲课的学生有了切实的提高，特别是对本节课的内容，可以说是终生难忘。

（3）学生经历了所有的教学环节，对教师的工作有了更深的理解，对教师的劳动有了真正的认识，这培养了一些学生做教师的兴趣。

(4) 学生自己上课给学生带来了新奇的感觉，课堂变得更加活跃，课堂上的互动增多。

(5) 有限度地让学生担任实习教师并未影响最后的考试成绩。

因为以上几点支持，我班的开放课堂还将继续坚持下去。

一个班级在学习上是否有自信、有气势，很大程度上取决于有没有学习明星。把普通的优等生培养成各科学习的标杆性人物，必然让优秀者更优秀，并促使更多人向前推进。绩优生是班级的宝贵资源，要好好保护，合理开发，而这种开发，同时也会促进绩优生变得更加优秀。

（二）提升中等生成绩的策略

中等生是一个班级中人数最多、发展潜力最大的群体。很多教师的习惯做法是“抓两头，带中间”，而聪明的教师总是“抓中间，促两边”。抓住了中等生，班级成绩的提升就有了保证。

为什么中等生是发展潜力最大的群体呢？因为大部分中等生的学习态度尚可，基本没有自暴自弃的。他们成绩长期徘徊不前的原因是多方面的，主要有以下几点。

1. 缺乏自信心

认为自己基础不扎实，不够聪明，赶不上优等生。缺少关注也是中等生不够自信的原因之一。

2. 缺少进取心

没有什么远大志向和目标，学习不够积极。成绩比上不足比下有余，安于现状。中等生中个性温和的人很多，虽然知道自身的不足，但是懒于改变。

3. 付出不够

因为进取心不足，维持现状相对容易，付出的努力较小，收获当然就小。

4. 缺少指导

因为中等生受关注度小，教师对他们的指导不够，很多学生学习方法有问题但自己并不知道。

5. 天资不够

中等生中有很努力的，但是领悟力和理解力不强，成绩无法达到优等生的水平。

以上前四点都可以采取一定措施改善，而第五点，除非要求很高，就一般情况而言，它不是最重要的，也不可强求。教师对中等生的要求是努力达到自己能力区间的上限，这样就可以让不少中等生进入优秀的行列。具体建议有以下几点。

1. 加大对中等生的关注力度

中等生是受关注最少的群体，所以，关注中等生取得的效果也是最明显的。教师可以加大与中等生谈心交流的频率，和中等生加深感情，建立良好的关系，取得他们的信任。学生也会因此而受到更多的激励。教师应该有计划地安排与中等生的谈心活动，不要遗漏任何“不引人注意”的学生，与中等生的家长也应该加强沟通。因为中等生在班级里经常被忽视，所以，当阳光洒到中等生身上时他们会更加灿烂。

2. 建立中等生推进激励机制

因为成绩平平，所以中等生鲜有被认可的机会。班级的成绩评价体系应该将推进中等生作为重点内容，甚至应该落实到具体的人头。只要中等生在学习方面出现任何亮点，就要认真分析其必然性和偶然性并且予以激励。教师平时要多鼓励中等生，让他们知道自己离优等生并不遥远，甚至在某些方面比他们还好。在班级里也要多给中等生表现的机会，给机会本身也是一种激励。

3. 增加中等生与绩优生的交往，密切关注中等生与后进生的交往

在诸如座位编排、活动安排和谈心交流等工作中，教师应有意识地让

中等生与绩优生交朋友。人与人之间是会互相影响的，近朱者赤，近墨者黑，在长期的交往中，中等生会受到潜移默化的影响。所以，想让某位学生在哪一门学科上有所进步，就让他与这门学科的高手交朋友。教师就是要创造这样的交往机会。中等生与绩优生成了朋友，朋友在一起互相帮助会更方便，朋友之间的影响也最大。其中，座位编排是最重要的，因为在班级生活中，左邻右舍间的交往最多。

中等生因为在班级里默默无闻，所以会经常与后进生交往，因为后进生是引人注目的。教师对此要密切关注，谨防中等生下滑。密切关注并不是要限制或禁止，而是要知道他们在一起做些什么、聊些什么、关心些什么。

4. 帮助中等生培养优势学科，增强其自信心

学生对不同学科的学习悟性是不同的，即使是中等生，也有相对感兴趣或较擅长的学科。中等生的最大优势是没有太薄弱的学科，劣势是没有强项。教师要帮助中等生认真分析，找到自己的优势学科，首先在某些学科上取得突破，进而再扩展到其他学科。如果没有弱项，再有一些较为突出的学科，那么接近或达到绩优生的水平是完全可能的。每次考试中都会有一些中等生中的“黑马”杀出，这不是偶然的。正是因为中等生没有低分薄弱项，总分有了基本保障，如果再有一两门考试试题对路子取得了高分，成绩就会大幅度提升。但考试具有偶然性，所以，中等生偶然取得了高分，下一次考试很可能又会回落。但这样的突破无疑可以增强学生的自信，也是良好的教育契机，教师应该抓住。

5. 加强对中等生的学习方法指导

对中等生来说，学法指导可能是更重要的。教师应该调动一切资源，落实对中等生的学法指导工作，调动各科教师及绩优生对中等生进行指导。了解中等生的具体学习情况，找出可以改进的地方，提出指导意见并跟进落实，可以取得不错的效果。

【案例 10-3】关于学习和休息：致高一新生的一封信

对学生，特别是中等生和学困生进行学法指导，要从基础工作做起。比如，开学后一段时间，我会就学习和完成作业问题，用书信的方式给学生提出一些建议，并请家长配合落实信中的有关要求。

亲爱的同学，你好！

进入高中已经快半学期了，相信你已经逐步适应了高中的学习、生活节奏。但还是有不少同学有烦恼——关于写作业、学习成绩、休息，等等。如何采取有效行动，摆脱困境，真正成为学习的主人呢？

一、关于完成作业

1. 学做聪明人

该交的作业必须交，一时的懈怠会换来数倍的麻烦。所以，要养成及时、随时做作业的习惯。有的同学会把第二天不立即交的作业放在“次要位置”，先应付马上要交的作业。结果是“次要”的作业总是被最先放弃，最后还是完不成。欠债越来越多，会严重影响学习兴趣和情绪，形成恶性循环。如果你是聪明人，一定会算一笔账，该还的肯定是要还的，只是代价会越来越大。唯一的办法是痛下决心，找一个机会，辛苦一点儿，还掉所有欠账，彻底跳出这种恶性循环，步入有序的学习轨道，按部就班甚至有一些提前量地完成作业。

2. 认真听课最重要

听懂了做作业就快，如果没有好好听课或者听课中有不懂的地方，要一下课就补上。你可以去问同学或老师，不管怎样，要在第一时间里弥补漏洞，否则你就可能不会做作业，这样又会陷入恶性循环，最终甚至会导致你放弃这门学科。所以，不管你喜不喜欢，都认真听课、及时提问吧，这是为你自己好。

3. 养成随时做作业的习惯

要学会利用零散时间、“垃圾时间”。时间如果不好好利用，就会在你不经意间从指尖流逝，其结果是你玩也没有玩好，休息也没有休息好。一天忙乱下来，似乎很累，但又没有做什么。作业还拖欠着，要加班加点，要牺牲睡眠时间，这是非常不合理的，最终也害了你自己。晚上疲惫地躺在床上，你会很沮丧——一天又过去了，你一事无成。那么，如何利用边角时间？希望你考虑以下建议。

（1）化整为零

你可以边听课边完成一些作业。有的练习册，可能一个星期只收一次。你完全可以在上课时将这些练习册打开，一边听课，一边对照上面的习题，顺手完成一些。当你准备第二天要交的作业时，打开这些练习册，你会惊喜地发现在不知不觉中已经做了不少。这样做还可以提高听课效率，因为你耳到、心到、手到，你做的事和课堂教学关联度很高，能一举两得。

（2）积少成多

下课后不要立即放下书本出去玩，可以继续坐在座位上，抓紧时间写几道题目再站起来，也许就是两三分钟。此时刚上完课，对老师讲解的内容印象最深，做作业的速度会很快，又可以在第一时间对课堂教学内容做一个复习。几分钟内能完成的内容比在平时同样的时间多得多。要知道，这几分钟是属于边角时间，合理利用相当于变废为宝。这点儿时间不写作业其实你也干不了什么事，厕所里会很拥挤，甚至要排队，会遇见各种熟人聊天，时间会很快过去。你注意一下就会发现，当你糊里糊涂地晃了一圈回来，有人已经做了半页习题了。

（3）及时订正

作业本发下来后要立即打开检查，看看作业的对错和老师的评语。订正也是完成作业的一部分，而且是第一项作业。你要立即订正。这项工作最好在学校完成，学校里能很方便地找到老师和同学求助，把不懂的搞懂。带回家会花费你宝贵的整块时间，直接导致做作业时间延长。

（4）学会攀比

我们已经推荐了一批学习效率高的同学，鼓励大家向他们学习。你可以找一个榜样，注意观察人家是怎么做的，再比对自己的行为，就知道差距在哪里了。你要经常跟踪那些学霸，看他们是如何抓紧时间的。当教室里很乱，所有人都在讲话、吵闹时，你看看你的榜样在做什么，心就会马上安定下来。最简单的办法就是先模仿，与你的偶像同步。如果他在写作业，你也要马上停下来去写作业。如果他在闲聊，你还是要马上去写作业，因为他的懈怠给了你赶超的机会。看看别人，就像照镜子，从镜中能看到自己。

二、关于制定学习计划

家长和老师经常要求同学制定学习计划，但很多同学的计划根本不能坚持执行，不仅因为自己没有恒心，也因为计划本身不合理。

合理的计划不能只从理论上安排，要知道人不是机器，会有疲劳和懈怠的时候，不可能那么精确地执行计划。所以，安排时间要留有余地，也要有较高的自我要求，每天“三闲”（闲思、闲话、闲事）的时间绝不能太多。

有些同学喜欢按时间制定学习计划，这并不是个好办法，因为每天的自由时间有不确定性，这会导致你的计划落空。最好的方法是用“任务法”：把每天要做的事以任务的形式列出，逐项完成。比如，背五个单词、做一篇英文阅读理解、完成五道数学课外题，至于用什么时间完成，是灵活的。这种计划可操作性强，也可充分利用零散时间。

任何一种学习计划，即使再轻松，只要能坚持，时间长了都会有巨大的收获，因为它就是一个聚沙成塔的过程。“每天进步一点点”，坚持到底的人最后都取得了很大成功。但愿你是这样一个能持之以恒的人！

三、关于合理规划时间

时间对每个人都是公平的，利用率的高低关键在于规划。比别人拥有更多的休息、娱乐、学习时间就是规划出来的。在高中，不会规划时间的人就是学习上的输家。

课外时间分为两种，一种是整块时间，一种是零散时间。

整块时间主要指晚自习时间。以目前高中教学和高考的要求来看，高中生每天晚自习时间不应该少于4个小时。当然，这不是绝对的。成绩的提升主要来自自学，而自学的主要时间就是晚自习。如果把这几个小时都用来写作业，完全没有自习时间，就很难获得提升。

科学的安排是，写作业只占用晚自习的一部分，其余时间用于自我提升。这就需要把笔头（硬）作业和口头（软）作业做合理分流，相当一部分作业要利用白天和临睡前的零散时间完成。

零散时间是指早晨起来到早读前、放学回家到吃晚饭前后（包括上学、放学的路上）、午休时间中的一部分、课间休息时间的一部分、临睡前的时间，等等。这些时间也非常宝贵，要合理利用。这里有几条建议。

将记忆、背诵的任务尽量分解到早晨起来、上学放学的路上和临睡前这几个时间段里完成。比如，临睡前背书，背完后入睡。科学研究表明，人在睡眠时大脑会整理一些记忆性的东西，所以，临睡前背诵的效果会很好。早晨醒来第一件事是回忆临睡前刚背诵的内容，可以一边穿衣服或一边吃早饭一边回忆，回忆不出来时立即翻一下书，看一眼再合上书本继续背，不必停下手上的其他事。再比如，一边走路一边背书或背单词，记不得了，马上翻看一下再合上书本。这样，等你走到学校，该背的基本都过了一遍，一点儿也不耽误整块时间。

利用课间时间订正作业，在临上课前背一小段书，这些都是提高学习效率的好习惯。午休时间不要全部用来睡觉，可以完成一部分作业，写着写着，困了就立即趴下睡觉，睡眠的效率和质量也提高了。

只要你留心、用心，你就会发现，原来每天可以利用的时间很多。合理安排，不仅效率高，休息娱乐、做自己感兴趣的事的时间也有了。希望你能成为规划时间的高手，这种能力将使你终生受益。

四、关于合理安排休息和睡眠

不管学习有多紧张，都要保证充足的睡眠时间，以免健康受损，终生遗憾。但是，对这个问题要理性看待。

第一，所谓“充足的睡眠时间”，是因人而异的，并无统一的标准。有人需要八九个小时，有人一天只睡六七个小时甚至更短也能保证精力充沛。所以，你不必为比别人少睡半个或一个小时就背负上沉重的心理负担，自我感觉能承受即可。当你感觉十分疲劳时，说明你缺少睡眠达到了一个极限，你需要放下所有的事，立即进入休息状态；否则，尽可以按照原有的节奏去做事。

每个人的身体条件是不一样的，你不必照搬别人或书上的说法，不要因为别人那样做你就改变自己，要听从自己的感觉。

第二，人的习惯或生理节奏虽然比较稳定，但也并非不可改变、调节。比如，因为学习负担重，需要适当减少睡眠时间。一开始你肯定不习惯，但渐渐地，你会觉得这没有什么，是完全可以做到的。注意，这不是要你打疲劳战，而是要你不要越睡越懒。

第三，休息也可以分整块时间和零散时间。如果能利用一些零散时间“小睡”，可以有效地弥补晚上睡眠的不足。要学会“猫打盹”式的小睡方式，利用中午甚至课间，抓紧时间休息，保持上课时充沛的精力。每个人在一天中都有一段时间特别困，这是大脑强制休息的标志，就像是长跑中到了极限一样，过了这个极限，又能恢复正常的精神状态。关键是在上课时避免出现极限状态。有的同学一到下午第一节课时就非常困，抑制不住地要打瞌睡。知道了自己的规律，就可以调整极限出现的时间，比如中午。在困倦的时候，哪怕是睡10分钟，也是非常有用的。中午睡过了，一个下午就有精神。午休时，你不必强迫自己立即睡觉，可以先写作业或者看书，一直到“瞌睡虫”来了，立即进入睡眠状态。这样的“猫打盹”，效率非常高。

生活中处处是学问。不会休息的人就不会工作。希望你高效完成学习任务，成为时间的主人！

祝你成功！

关心你们的老班

（三）提升学困生成绩的策略

学困生是指在学习上有困难的学生。学困生也分好几种情况，并非所有的学困生都不想学习，教师要做具体的分析。学困生不是一朝一夕形成的，其中非智力因素是主要原因。所以，对学困生的帮助没有统一的方法，只能研究个案，深入了解他们“致贫”的原因和历史，找到了原因就找到了打开他们心门的钥匙。

学困生起点低，相对于绩优生，他们更容易取得进步，提升空间很大。如果一个班级在学习上“尾巴”小，整体推进情况一定好。让学困生“脱贫”，可以很好地改变班级学习的生态环境，让更多的学生感受幸福和成功，对班级其他各方面的影响也都是积极的。

采取什么措施能让学困生“脱贫”呢？总体上说，一是给予其真正的关心和鼓励，二是提供切实有效的具体帮助。

1. 给学困生安全感

要让学困生在班级里有安全感，不要让其沦为弱势群体。教师要多观察，发现他们的闪光点，抓住机会，及时予以鼓励。学困生只是在课程学习上暂时落后，不代表他们在其他方面也差。要公平、公正地对待他们，在班级给予他们合适的位置，班级工作或活动要尽可能地让他们多参与、多展示，平等地提供机会，让他们感觉到在自己的班级里也有一席之地，而不是班级的累赘。

2. 和学困生交心

要和学困生交心，了解他们的生活状况和心态。对学困生应有悲悯之心，理解他们的苦恼和困难，不抛弃、不放弃。要站在他们的立场上思考，从中找出可以改进的地方。谈话时不要只盯着成绩，可以从生活的各个方面切入，逐渐靠近主题。要注意保护学困生的隐私和自尊，即使想帮助他们，也不应该大张旗鼓。不刻意宣传，不强化他们落后的既成事实，悄悄地提供帮助是最好的。

3. 改善学困生的学习动机

帮助学困生首先要改善他们学习动机，否则就是做无用功。教师要和学困生就改进学习的问题达成共识。大部分学困生都有改善学习状况的愿望，但是，因为长期落后，积重难返，想一下子彻底改变是不大可能的。他们的共同点是：有想法没行动，有行动难坚持；容易下决心也容易放弃，会找各种理由原谅自己；所以，提升学困生成绩是持久战，教师对此要有充分的心理准备，要有足够的耐心打好这场战斗。不要轻信学困生的承诺，要的是实实在在的跟进。要从完成最简单的任务开始，一件件落实。所以，对他们的帮助不能盲目，要循序渐进。

4. 切中要点，软硬兼施

每个学困生的问题都是不一样的，对学困生的教育要切中要点，忌泛泛而谈，流于说教。学困生听到的来自各方面的唠叨已经很多，有一定的抵触情绪。所以，大道理多说无益。只有深入了解他们，和他们成为知心朋友，才知道他们最需要什么，怎样才能打动、影响他们。教师与学困生的关系非常重要。因为教师在帮助他们改掉坏习惯的过程中，会使用各种方法，有些甚至是强制性的、令他们痛苦的做法。在这种时候，师生间良好关系的重要性就体现出来了。学生因为信任、爱戴自己的老师，才会听从教师的劝告，接受教师对他采取的帮教措施。对学困生的教育，我主张"软硬兼施"，不能完全靠他们自觉，一定的强硬手段还是要有的。但如果没有师生感情做基础，这样做只会招致他们的反感和抵抗。

5. 利用各种方式施加正面影响

为学困生找一些好学上进的朋友，利用同桌、小组影响他们。

6. 建立学困生帮助系统

学困生的帮助系统，从人员组成上，应该包括班主任、科任教师、同学、家长，在学习环节上，包括听课、作业、订正、答疑等。如果缺少帮助，绝大部分学困生都无法独立坚持下去——他们的意志力本来就差，再加上困难得不到解决，他们很快就会再次放弃。家长在这个帮助系统中必须承担重要的任务：改善亲子关系、加强沟通、关心孩子、检查督促等。所以，班主任要做好家长的培训工作。学困生的帮助系统应该是立体的、全方位的，但最终目的却是要培养他们自立、自强的品格，不能对他人产生依赖心理，因为学习归根到底是他自己的事。

【案例 10-4】一本课堂记录本

师：你还是想进步的，对吧？

生：是的。

师：但只是想没有用，要有实际行动。你觉得自己有哪些问题？

生：以前上课会睡觉，但现在已经好多了。

师：你的好转是因为有了三方面的压力。第一，家长对你要求严格了；第二，我多次对你提出了要求；第三，你的同桌，也就是你的导师，经常提醒你。只要你一睡，他就会把你叫醒。

生：我觉得这些都不是主要的。

师：那什么是主要的？

生：是我自己不要睡了。如果我想睡，即使有人提醒也没有用。

师：很好！我已经注意到你的情况有很大改观，应该表扬！但今天你上课时还是睡着了，说明你还不能完全做到。另外还有一个问题，你不睡觉的时候会乱插嘴，内容经常是莫名其妙的，严重影响了老师的讲课和同学的听课。这是一个很不好的习惯，我已经提醒你很多次了，但是你并没有改。你在以这种方式引起别人的注意，但效果却完全相反。大家都很讨厌你的这种行为。你必须改掉。你是不是认为我或者你的同学只能提醒你，你却可以完全不听，班级拿你没办法？

生：不是的。

师：但是，你的表现就是这样，从来没有改过。现在，我要求你先改掉这两个坏习惯，上课睡觉和乱插嘴。如果改了，你的情况就会得到很大改观，你的形象会大幅度提升。所以，你要努力做。可以吗？

生：好的。

师：光是保证是没有用的，因为你已经多次保证，但从没有兑现。为了帮助你解决这个问题，我送你一样东西……

(拿出一本软面抄)

师：从现在开始，你要做课堂笔记，把老师讲课的要点、重点提示的内容、重要的例题都记下来。这个本子就是你的听课记录，不分科目，顺着往下写。记住，我给你规定好，每节课的笔记不得少于一张纸，如果达不到，需要在我这里补齐。多写不限。我会让你的导师提醒你记笔记。你每天放学时，要把本子拿给我看。

生：是所有的课都要记吗？

师：是的，所有的课，除了体育课。在每张纸的抬头写下日期、科目和节次。每节课另起一页，便于你自己复习和我检查。你要明白我为什么要你记笔记，因为你上课会打瞌睡。你并不缺少睡眠，打瞌睡只是一种习惯。我观察过你很长时间，发现你上课几乎不动手，要么睡觉，要么乱插嘴，搅得课堂不得安宁。

所以，我要你忙起来。拼命记笔记，就不可能睡觉，也没有时间乱插嘴。要多动手，不该讨论的时候闭嘴。记住，我每天会对照课表检查你的笔记，少一节课都不行。我会和你的导师谈，让他提醒你。我们都来帮助你改掉坏习惯。

只要坚持下去，你就会很有成就感。课堂笔记是你自己的财富，也是你战胜惰性的成果，是你进步最有力的证明。以后你复习功课，就有资料了，不用再去借别的同学的笔记了。好了，去吧，努力去做！

生：好吧。

一本课堂笔记，让他不得不改掉坏习惯，但是，根子在于他有自己要做好的愿望。任何教育措施，都必须在学生有主动要求的前提下才能发挥作用。在这个前提下，优秀是可以被逼出来的。

六、教育正学风，管理出成绩

良好的学风和成绩离不开严格的要求和管理。每个班级都是有传统的，也是有整体氛围的。班级风气对学生的影响很大。一个课堂纪律毫无保证、抄作业成风、考试作弊是家常便饭的班级，要想提升成绩简直是天方夜谭。所以，班主任首先要在班级建设良好的学风。

（一）倡导关于学习的正确价值观和荣辱观

无论是由小学升入初中，还是由初中升入高中，学生都不是一张白纸。他们带着固有的学习习惯、家庭教育的痕迹、过去教师和同伴的影响，来到新的班级。这些习惯或影响，有的是正向的、积极的，也有的是负面的、消极的。班主任首先应该在班级里倡导关于学习的主流的价值观和荣辱观，让学生明确什么是有价值的、什么是光荣的，要创立热爱学习、热爱知识的学习型班集体。通过长期的教育，让每一个学生明白以下观念。

①努力学习是光荣的，不思进取是可耻的。

②独立完成学习任务是光荣的，任何抄袭作弊的行为都是可耻的。

③尊敬老师是优良品质，和老师作对不是英雄壮举。

④上课认真听讲不仅是为了自己能好好学习，也是对他人友善的表现。

⑤能否取得好分数是次要的，有没有努力是主要的。

⑥学生时代不认真对待学习，将来也会一事无成。

⑦不要将“我不优秀但我快乐”作为座右铭，懒惰是可耻的，由此带来的快乐是低级的。

与这些观念相对应，要有评价体系配套。那些认真学习、独立完成作业、考试从不作弊的学生将得到好评。班主任既要在班级里表扬，也要在家长面前表扬。相反，无所事事、投机取巧等行为将得到差评。要让认真学习的学生在班级里有地位，扬眉吐气；要让懒散、不思进取的学生在班级里站不住脚。这样，班级的正气就树起来了。

在一个班级里，既有主流的观念，也有非主流的观念；既有显性表达，也有暗流涌动。班主任要注意观察，密切控制班级的主流观念，体察班级的暗流。这需要花费一些精力，要用心去做。班主任要通过与学生的谈话、学生周记、QQ 交流、家访等手段，掌握班级的最新动态，对学生平时的言行也要多加留意，发现问题苗头，及时教育。

要密切注意班级里的非正式群体。所谓“物以类聚，人以群分”，某些学生因为有共同的语言，比如，都喜欢玩网络游戏而结为好友，在班级里（或网络上）大谈关于游戏的问题；再如，一些学生会对班级里认真学习的学生采取讽刺、嘲笑的态度，这些都是对良好学风伤害极大的行为，要坚决制止。

对学生的评价要把学习态度和学习过程放在首位。一个学生，只要他努力了，也能遵守有关纪律，就是合格的；反之，不认真完成学习任务，不遵守规则，凭着小聪明或者其他手段，尽管最后考试成绩可能还不错，但依然不能获得好评。绩优生不应该在班级里享有任何特权，犯了错误一样要接受相关处理。一定要改变好分数“一白遮百丑”的评价方式。

（二）严格执行基本的学习规范

学习不仅是学生的权利，也是学生的义务。就我国目前的状况而言，统一教材、大班上课、统一评价标准依然是绝对主流。国家设置的课程和教师的教学风格不可能让所有学生都喜欢或感兴趣，所以，必然会有一部分学生处于“硬着头皮学习”的状态，由此会带来心理、情绪上的诸多问题。一些成绩不理想的学生会产生厌学情绪。对这些现象，班主任首先要理解，然后要正确疏导，最后依然要强调基本的学习规范。要让学生明确，学习是学生的天职，是符合学生身份的正事。作为学生，并不是不能做任何与学习无关的事，但要把学习放在首要位置。

班主任要采取各种措施保障基本学习环节的落实。不管教学手段如何改革创新，学习的基本要素和环节是不变的。

第一，从各种渠道接收信息（感知）。

第二，通过自己的头脑加工这些信息（理解）。

第三，通过一定的训练巩固学习的内容（巩固）。

第四，运用这些知识或方法解决问题，包括完成习题、通过测试、融会贯通（运用）等。

任何一个环节出问题，都会反映在成绩上。所以，提升成绩的工作就分解在这四个环节中。做好最基础的工作（比如上课与完成作业），完成学习任务就有了基本保障，最后的成绩也不至于非常糟糕。

比如，作业管理。独立完成作业并按时交作业是推进成绩的基本保障。虽然作业情况不一定能体现学生的学习能力和水平，但至少可以反映他们对待学习任务的态度。抄袭作业，特别是大规模、常态的抄袭作业现象，对班级学风的伤害非常大。但造成学生抄作业的原因又是复杂的，既有学生方面的，也有教师方面的——全班不同层次的学生要完成完全相同的作业，本身就有问题。学生因为种种原因不能完成作业，这种情况客观存在。但是，抄作业却是违纪行为。要想切实解决学生抄袭作业问题，单靠强硬的管理是不够的，是治标不治本。应该采用多种措施并举的做法，既要在面上完全遏制抄作业现象，又要解决学生抄作业的动机问题和无法完成作业的困难，这样才能起到较好的管理效果。

第一，确立正确的价值观，解决学生的后顾之忧。不以每天交齐作业为“政绩”，而是以“独立完成作业”为价值导向。宁可作业交不上或者留有空白，也不抄袭，能完成多少就是多少。坚决不抄作业的同学将获得好评。不会做可能不是你的错，但抄袭一定是可耻的，将获得差评，会损害自己的形象。

让学生觉得抄作业毫无意义，是解决抄作业问题的根本方法。

第二，对完成作业有困难的同学予以帮助。这种帮助可以分指导和辅导两种。

“指导”主要是指介绍高效完成作业的方法，让班级里这方面做得好的同学现身说法，汇集别人的或资料上的好经验在全班推广。具体建议可参见前文“关于学习和休息：致高一新生的一封信”。

“辅导”是指用教师或团队的力量，帮助学困生解决学习上的困难。可参见前文的院士制以及后文的导师制。

第三，为最大限度地消灭抄作业现象，鼓励学生在校内尽可能多地完成一些作业，当天可以完成的作业当天交，不必等到第二天。让抄袭者没有样本可抄。

第四，在全班发起“不抄作业行动”或“共同抵制抄作业行动”或“独立思考，远离抄袭”等主题活动，召开相关班会课，请学生谈谈抄作业和被人抄作业的感受，展开讨论，发起承诺签名，以板报、海报等宣传为辅助，在全班营造不抄袭作业的氛围，让少数抄袭者承担巨大的心理压力。

【案例 10-5】诚信学习宣言

运用集体氛围影响、约束学生行为也是一种常见的策略。可以使用很多方法营造这种氛围，让学生朗读“诚信学习宣言”并签字承诺就是其中一种。

××班诚信学习宣言

学习是学生的天职，诚信是做人的根本。
××班是优秀的团队，有着优良的传统和骄人的成绩。
作为班级大家庭的成员，
我有责任维护集体荣誉，爱护诚信学习氛围。
我承诺：
抵制诱惑，拒绝抄袭，远离作弊。
今天，我在承诺书上郑重签下我的名字。
我将恪尽职守，捍卫自己的名誉和尊严。
我的承诺将接受所有人的监督！

承诺人（签名）：

承诺书虽然也不具有强制性作用，但是把这份宣言制作成展板贴在教室里，很有气势，对学生有一种无形的约束。

第五，利用家校联系本等方式，让家长参与作业的督促、检查工作。

【案例 10-6】作业记录本

经常会有一些同学声称忘记做某项作业了。为了帮助学生养成有条理地完成作业的好习惯并且让家长也参与到这项工作中，我班从一开学起就坚持使用“作业记录本”。我要求学生每天逐项记录教师布置的课外作业，完成一项打一个勾，全部完成后请家长检查、签字。为了让学生和家长都重视这件事，不搞形式主义，我每天都坚持批改作业记录本，并且经常在本子上写下我对学生的表扬、鼓励和提醒，这样学生就愿意把记录本交给家长检查，家长也因此了解到学生每天要完成的作业，并且也经常会在记录本上留言，和班主任互动。这项工作不仅让学生不再有忘记写作业的理由，也加强了家校沟通，所以学生都把它叫作“家校联系本”。

以上工作不能完全解决学生抄作业问题，但能为最终解决问题扫清障碍。作为最后的措施，还必须在班级为学生设置红线，即如果抄作业将会受到一定的处罚。只有这样，教育管理才是系统的、立体的。

学生抄作业，一经发现，会立即受到处罚。这一点必须在全班所有学生和家长都清楚之后才开始实施。在可能的前提下，尽量提高违纪成本。我曾经使用过以下方法。

（1）只要有两本相同的作业同时在一个同学桌上出现，即可认定抄作业。

（2）一旦确认学生抄作业，则抄作业者和被抄的同学将受到同等程度的处罚。

（3）两名当事人必须重新完成这门学科当天的所有作业。

（4）当事人写出 500 字思想认识，附家长的签字。

（5）班主任对当事人进行批评教育谈话。

（6）如果必要，可以暂停当事人上课用于反省或完成上述处罚。

在刚开始治理时，班主任一定不能怕麻烦，必须认真、严格地执行，要亲自检查，同时在班级里设置若干监督员，提醒同学不要抄作业。如果在采取了多种措施后，还有人敢“顶风作案”，则应毫不犹豫地落实以上措施。

【案例 10—7】学风监督小组

为尽量减少抄袭作业的现象，我在班级里成立了“学风监督小组”，由我亲自担任组长，学习委员担任副组长，我们带领几名责任心强的同学，对作业予以提醒、监督，通过坚持努力和处理一些典型案例，至少在面上遏制住了抄袭风气的形成。

关于成立班级学风监督小组的通知

为在班级营造良好的学风，杜绝抄袭作业和考试作弊等不诚信、破坏班级健康学习氛围和公平竞争环境的行为，特成立班级“学风监督小组”。本班全体同学都有对上述错误行为给予劝阻、批评和警告的权力，学风监督小组成员更要担负起相关责任。让我们团结协作，创设良好的学习环境，为班级的健康发展而继续努力！

班主任

年　月　日

附：

学风监督小组职责及相关注意事项

1. 小组成员全天值勤。平时注意观察，对身边的抄袭现象予以提醒、劝阻，特别留意早晨到校后同学们的表现。

2. 小组成员在全班范围内值勤，重点管理各自所在的四分之一班级区域。

3. 如果抄袭行为由班主任本人发现而监督小组成员不作为，则由班主任向负责该区域的组员问责。

4. 对自己发现或有同学反映的发生在课外时间段的、利用网络、手机等工具抄袭作业的行为，小组成员同样有责任提醒、劝阻、记录。

5. 在班级各种考试、测验活动中发挥监督的作用，记录周边能观察到的抄袭行为。

6. 学风监督小组成员有以下权力：

（1）劝阻、批评、警告抄袭者。

（2）记录劝阻无效的抄袭行为，及时报告班主任。

（3）以各种合适的方式中止同学的抄袭行为。

7. 当组员发生以上行为时，值日班长、班委及其他同学应该给予支持和配合。

8. 同学们应当服从小组成员的管理。

9. 如果同学对组员的做法有异议，可以向班主任反映，由班主任解决纠纷。

学风监督小组的主要任务是监督和提醒抄作业的同学，对组员进行培训时要求他们尽量用温和的工作方式，不激化矛盾，不随意记录，能通过善意提醒解决的问题不要向班主任汇报，非情节严重不要向班主任汇报。在对全班同学进行教育时强调，组员的工作是班主任安排的，是为了大家的进步，不是和哪个同学过不去，希望大家都能支持班干部的工作。

学风监督小组在杜绝抄作业工作中发挥了一定作用。

经过几次教育，加上及时处理的标杆性事件，可在班级里基本消灭抄袭作业的现象。

教育要多管齐下，单靠某一个孤立的行动是无法达到令人满意的效果的。以上通过一些案例具体论述了如何在班级里采取实际行动建设优良学风。学风是提升成绩的基础，而基本的学习规范做得好，提升成绩就是水到渠成的事。

七、打造良好的学习生态环境，创建学习型班集体

在一个班级里，如果形成了良好的学习生态环境，会有以下几点表现。

绩优生有远大的志向和很高的自我要求，保持优秀但不自私自利，能帮助中等生、学困生提升。

中等生积极进取，扬长补短，努力向绩优生靠拢。

学困生不会受到冷落歧视，不放弃努力，尽力完成基本学习任务并能有所进步。

学习压力虽大，但人际关系和谐。学生之间既有竞争，又有合作，学习之余还能开展一些有益的活动。学生的幸福指数高，心态良好。

学生能保持相当的活力和后劲，精神面貌好，班级平均成绩稳步提高。

各门学科都有在年级里有影响力的学习明星，这些学生成为班级学习的领军人物和标杆。

没有完全放弃学业的学生。

要想打造这样一个学习生态环境，除了加强教育和管理，开展深入持久的励志教育外，还可以结合班级实际情况，组织一些有益的学习合作活动。

合作学习很多班级都在做，但不少活动效果都不是很理想，有的甚至虎头蛇尾，最后不了了之。造成这种情况的原因是多种多样的，比如，没有考虑学生的需求，没有具体的帮助方案，没有过程管理，也没有终端评价，等等。所以，这项活动重在落实。

第一，结对是基于学生自我提升的要求，不能强迫，所以，宁缺毋滥。结对需要双向选择，结成的对子要有实实在在的活动。在组对时，要求绩优生在自己熟悉的、平时关系较好的同学中寻找帮助对象，也让学生自己去找导师，只有双方都满意，才能结成对子。

第二,一个导师不能带很多学生，否则难以保证效果。导师与学员最好是一对一的关系，最好不超过一对二。

第三，明确辅导内容。导师和学员互助的范围包括三种：全科、某几个学科、单科。具体采用什么方式，由师徒双方商议决定。

第四，明确阶段性奋斗目标。一般以一个学期或半个学期为一个辅导周期，根据个人的基础和能力，确定奋斗目标。无论是总分排名进步多少，还是单科成绩提升幅度，都可以作为目标设定。奋斗目标要具体、切合实际，有实现的可能。确定奋斗目标需要听取班主任的意见。

第五，制订具体的帮助计划。要求每一位导师对自己的帮助对象制定具体的、可操作的帮助方案，并交给班主任备案。

第六，注重过程管理。导师和学员定期利用书面、口头等方式向班主任汇报近一阶段时间里帮教的情况，班主任要做到及时关注。

第七，制定相关的评价、激励机制。对没有效果或效果不佳的对子不批评，但要分析原因；对效果好的予以奖励。班级可设置推进奖、优秀师徒奖等奖项，以鼓励那些热心助人的导师和自强不息的学员。

第八，要有一定的保障措施配套。例如，教师的参与，座位的编排，必要的时间、空间，等等。

以上措施如果一一落实到位，师徒结对活动一定能取得较好的效果。

【案例 10–8】“合作—超越”计划——学困生帮助体系

以绩优生为主要支持力量建立帮助系统，旨在帮助学习有困难的学生摆脱低分的窘境，在学科学习上取得实质性的进展。我把这项活动取名为“合作—超越”计划。“超越”首先指超越自己原来的成绩。

一、具体方案

班级是一个大家庭，同学都是好伙伴。

一枝独秀不是春，百花齐放春满园。

优等生不保守，暂时落后的同学奋起直追，大家共同营造良好的学习氛围。

班级将努力为大家创造条件，但同学们的个人奋斗才是关键。希望同学们树立信心，同时要有刻苦奋斗的精神并且坚持下去。一分耕耘，一分收获，付出终会有回报。我们的信条是“态度第一，努力第二，方法第三”，三者齐备，必将获得长足进步。

（一）结对

1. 导师名单与结对原则

经过对上学期成绩的详细分析，班主任推荐以下同学作为学科导师。(名单略)

需要拜师的同学可以从名单中选择适合自己的同学，也可以自己寻找合适的导师，征得对方的同意后即可结为对子。师徒结对的首要原则是双方自愿。

2. 结对规则

为保证师徒结对互助的效果，不影响导师自己的学习，特制定如下规则。

（1）一位同学最多担任两门学科的导师。

（2）一位导师在一门学科上最多只能收两名学员。

（3）一名同学最多只能在两门学科上找导师，需要更多帮助的，可以采用别的方法。

3. 哪些同学需要导师

根据上学期各次考试的成绩分析，我们认为部分同学在某些学科上的学习比较薄弱，我们会逐一提醒这些同学认真考虑是否需要找一位导师，但找导师的同学自己首先要有进步的愿望并愿意付出努力。其他同学也可以根据自身的情况考虑是否拜师、拜谁为师，如需帮助，可以与学习委员或班主任联系。

（二）进步目标和互助计划

1. 明确进步目标

为保证进步目标的合理性与可实现性，同时便于评估互助效果，本班将以每位学员结对时的成绩（上学期期末考试）作为起点，统一确定推进目标。具体如下：

上学期期末年级名次	400 名以后	400—200 名	200—100 名
本学期年级名次进步	100 名	50 名	20 名

注：

①成绩已进入年级前 100 名的同学不需要拜师，这部分同学也可以自愿结对，但班级不考核。

②本学期目标实现的情况要根据期中、期末两次考试的成绩评定，权重为期中考试占 40%，期末考试占 60%。例如，上学期名次为 300 名，本学期达到 250 名即可认为实现目标（推进 50 名）。本学期期中考试第 270 名，期末考试第 230 名，综合名次计算方法为：$270 \times 40\% + 230 \times 60\% = 246$，实现了目标。

③根据以上计算方法，进步越大，实现目标的情况就越好，班级将据此评奖。

2. 明确互助计划

结对活动完成后，每对师徒都要认真制订互助计划，计划要具体且切实可行，同时要经过班主任的审阅、认可。书面计划一式两份，一份上交班主任备案，一份自己留存。

3. 重视过程管理

每位导师均要为学员建立成长档案，记录学员成绩的变化，每次记录后交班主任审查。具体可参见下表。

学员　　　　导师　　　　学科　　　　目标

考试次数	1	2	3	4	5
考试时间					
考试类型					
考试成绩					
班级均分					
班级名次					
年级名次					
导师评价					
班主任意见					

注:“考试类型”一栏填期中（期末）考试、月考、周考、单元测验等。

师徒双方每个月向班主任做一次口头汇报。班主任与导师、学员要保持交流。要把结对情况告知家长，请家长平时多关心。

4. 考核与评价

学期结束时将根据上述材料考核每对组合，考核不仅看最终结果，也看过程。对评选出的优秀组合，班级将予以一定的奖励并在相关表彰中优先考虑。

二、落实细则

为保障“合作—超越”计划顺利实施并取得实效，特制定以下保障措施。

（一）精选导师

只有具备以下三个条件的同学方可成为导师。

（1）某一门学科上有特长。

（2）愿意帮助同学。

（3）认真负责。

按照学生条件及个人意愿，筛选出导师预备人选，在班级内公示，为学有所长的同学在全班范围内收徒。

（二）培训学员

学员必须具备以下条件。

（1）有较薄弱的学科。

（2）有要求进步的愿望。

（3）愿意和同学组对共同提升学习成绩。

计划能否取得实效的关键在于学员的学习态度，学习态度的改变是最大的保障。所以，要加强对学员的教育。成绩绝不是仅靠老师、导师的帮助就能提升的。为此，班主任要专门召开会议，强调这个关键点，平时还要常做个别谈心。

学习成绩不理想的学员最常见的问题是“有想法，没行动”“有短期的行动，但不能坚持”。对学员的教育要针对这两个问题，常抓不懈。坚持，是最重要也是最困难的。要经常地关心、鼓励学员，提升他们的意志力，帮助他们解决思想上及心理上的困惑，对他们在思想上和行动上的反复无常要有充分的思想准备，及时跟进，教育、帮助。班级只能为自己肯学习的学生提供帮助。

（三）在全班开展系列励志教育活动

（1）研读《励志教育读本》（班本教育课程）。

（2）观看相关励志视频。

（3）组织学生撰写参与以上教育活动的心得体会并点评。

（4）在班级上树立励志学习的榜样。

“磨刀不误砍柴工”，无论学习任务多么重，时间多么紧，都要保证落实以上措施。要充分利用班会课的时间和平时的零散时间，教育活动要形成系列，有连贯性，组成立体的攻势，营造积极向上的氛围，让每一个学生都成为良好学风的受益者。

（四）精简师徒结对的数量

为保证帮教的效果，师徒结对不求数量而重质量。无论是导师还是学员，精力都是有限的。若导师带的学员过多，或学员拜师过多，都会分散精力，造成最后流于形式。所以，要精选提升科目，不要指望到处开花。

每个学员哪怕只在某一门学科的学习上有所进步，都是成功。精简是质量的保证。所以，本计划规定，每一位导师最多只能带两名徒弟，每一位学生最多只能找两位导师。

（五）落实计划

互助计划制订后，师徒双方要认真落实，不能纸上谈兵。导师和学员要加强联系，要有常态的学习上的交往。要经常就帮教情况与班主任沟通，有问题及时向班主任汇报。

导师不仅要认真填写记录，平时还要与学员多交流，包括检查学员的作业、回答学员的问题、为学员布置一定的学习任务等，总之，导师就是学员的小老师。

学员要端正态度，奋起直追。平时主动与导师联系，认真完成导师布置的自学任务。学员每一个月要撰写一份报告，总结本月的学习情况，与班主任做一次交流。

（六）其他保障

为便于交流，班级要适当调整座位，导师和学员尽量靠近或安排为同桌，至少应该在同一个六人小组中。

（七）评价

推进目标的统一为评价师徒结对效果打下了基础。一学期一评，将学员学习综合成绩与学期初制定的奋斗目标比对，用以下词语描述目标完成情况：完成、超额完成、未完成。补充词语有：有进展、无效果、退步等。

班级将大力表彰完成推进目标的组合，特别嘉奖认真负责、无私奉献、工作卓有成效的导师和态度端正、刻苦努力的学员。

师徒结对情况应该体现在对学生的评语中。

（八）解对

本计划实施周期为一个学期，一个学期后，师徒自然解对，新学期后可以续约。未到一学期，但出现以下情况的，可以提前解对。

(1) 学员态度不好，学习不主动，不与导师联络，不能完成导师布置的任务，导师可以提出解对。

(2) 导师没有精力帮助学员，对学员放任不管，或学员得不到导师的具体指导，学员可以向班主任提出提前解对。

(3) 师徒双方没有明显的交流，班主任可以决定提前解对。

三、落实情况（阶段性进展）

合作能否取得实效，关键在于过程管理。一步一步扎扎实实做下去，才有可能形成规模效应。班主任要抓落实，关注、跟进，加强点评指导。比如，在计划启动后的第一次阶段性考试后，我就根据平时的观察了解、导师和学员的汇报以及考试成绩，对计划的实施情况和效果做出了阶段性评估。

（一）结对情况

全班共有25对（50人次）加入本计划，涵盖数学、语文、英语三个学科，其中数学10对，英语12对，语文3对。其余学科也有师徒结对情况，均为自愿组合。班级鼓励学生互帮互助，同学们在其他学科也可以开展师徒结对，但不做强制要求，也不在班级评估范围之内。

班级根据上学期的成绩给每一对师徒制定了合理的、公平的推进目标，已在班内公示。

（二）合作情况

(1) 所有导师和学员均上交了合作计划或方案。

(2) 班级根据师徒结对情况对座位进行了适当的调整，尽量让结对的同学靠近或成为同桌。其中，有6对为同桌，10对为前后座或平行座位，6对在同一个学习小组内，只有3对距离较远。距离的接近为同学们更方便地交流提供了有利条件。

(3) 师徒互助已有实质性的行动。在课间、中午、放学后，可以看到大量同学在互相讨论、研究；很多导师给学员布置了具体的任务并且能及时跟进，大多数学员的态度和行动是积极的，这些情况令人欣喜，值得肯定。

(4) 所有导师均已建立了学员成绩跟踪档案，及时更新每次测试的成绩并且点评。

（三）合作进展

以下结合计划实施后的第一次阶段性测试结果对师徒结对互助的情况做简单的分析。

1. 情况说明

由于师徒结对的最终成果要在学期结束后才能评估，因此本次分析仅仅是作为以后分析的参考模板。对比结对时制定的奋斗目标和本次考试的情况可以发现，有些组合这次已经达到或远远超越了目标，但这不意味着任务已经完成，因为成绩是波动的，最终评估时，要根据历次考试的情况做加权平均。所以，这次达标的同学只能认定合作有进展，但并非最终达标。同样，有些没有进步甚至有退步的学员，也不能认定为没有达标，以后还会有多次机会，但是，需要认真总结，找出原因，继续努力。

2. 分析结果（以数学为例）

（1）本次实现目标：2 对师徒。

学员	导师	起点	奋斗目标	目前名次
某某	某某	年级 496 名	年级 396 名	333
某某	某某	年级 287 名	年级 247 名	225

（2）有进步但未达到目标：3 对。

学员	导师	学员现状	奋斗目标	目前名次
某某	某某	年级 513 名	年级 413 名	491
某某	某某	年级 303 名	年级 253 名	289
某某	某某	年级 267 名	年级 227 名	233

（3）反而退步的：5 对。其中大幅度退步的 1 对。

学员	导师	推进起点	奋斗目标	目前名次
某某	某某	年级 487 名	年级 387 名	561
某某	某某	年级 239 名	年级 199 名	269
某某	某某	年级 122 名	年级 102 名	324
某某	某某	年级 106 名	年级 86 名	204
某某	某某	年级 122 名	年级 102 名	314

进步和退步的比例为 1 ∶ 1，说明师徒结对效果并未显现。原因有以下几点。

①师徒结对时间不长，效果还看不出来。

②某某等三位学员上学期期末成绩已经有很大进步，本学期要想继续推进，本身难度很大。本次考试退步属正常波动，但要引起重视，力争在以后的测试中有所回升。

③某同学数学是弱项，上学期的考试成绩高有超水平发挥的因素，本学期要想实现持续进步，难度也比较大，要咬牙坚持住，争取保住成果。

④嘉奖达标的某某和某某同学及其导师，本学期这两位同学的学习态度有明显改观，付出有目共睹，取得进步在情理之中。

⑤表扬某某等三位同学，已经有进展，继续努力，争取下次达标。

⑥某某态度还要端正，投入还要加大，否则离目标会越来越远，具体改进措施需要再议。

以上仅仅是针对本次阶段性测试进行的分析，结果将为以后的行动提供参考。目前看来师徒结对的效果初步显现，接下来可能需要增加语文学科的组合数量，并且继续跟踪学员的自学情况，及时跟进教育。本学期班级开展的励志教育还将继续深化。班级整体奋斗目标尚未实现，任务依然非常艰巨，希望师生共同努力，争取实现班级整体学习成绩的推进。

这样的分析，理性而科学，数据真实，点评有说服力，比泛泛说教要好得多。虽然教师的工作量会因此而增大，但它不仅对学生是一种促进，对班主任的宏观管理能力也是一种锻炼和提升。

综上，教师如果扎扎实实地做好以下几项工作，一定会对班级学习成绩的整体推进起到促进作用。

①认真进行学生学习动机的分析研究。

②坚持励志教育，加强理想教育。

③为绩优生提供更宽松自由的发展环境。

④建立帮助系统，为学困生解决实际困难。

⑤对学生提出合理的要求并严格执行。

⑥真诚地关心学生，和学生保持常态的沟通和良好的关系，对学生的情况了如指掌。

⑦认真总结每一次重要考试的情况，但不流于说教或训诫，而是客观理性地分析，提出具体的改进方案。

⑧加强个案分析研究，解决成绩推进中的难点，突破一个，带动一批。

⑨充分利用小组展开学习合作。

⑩在班级里营造良好的学习氛围，大力弘扬优秀学生刻苦学习的精神，使之成为班级精神的代表，用评价强化学风建设。

如果一个班级有明显的优等生领先阵容，后进学生数量不断减少，班级成绩推进情况就会非常理想。虽然提升成绩是班主任工作的一大难题，但难题并非无解，只要有心、用心，全身心地投入，带领学生进入正常的学习轨道，就一定会取得不错的进展。